中国古代史学名著、国别体史书

战国策

精读本

李慧敏·编

U0782415

民主与建设出版社

·北京·

© 民主与建设出版社，2018

图书在版编目（CIP）数据

战国策 : 精读本 / 李慧敏编 . -- 北京 : 民主与建
设出版社 , 2018.6
ISBN 978-7-5139-2180-0

Ⅰ . ①战… Ⅱ . ①李… Ⅲ . ①中国历史—战国时代—
史籍 ②《战国策》—注释 ③《战国策》—译文
Ⅳ . ① K231.04

中国版本图书馆 CIP 数据核字（2018）第 117896 号

战国策（精读本）

ZHAN GUO CE JING DU BEN

出 版 人	李声笑	
编 者	李慧敏	
责任编辑	王颂 袁蕊	
封面设计	荣景苑	
出版发行	民主与建设出版社有限责任公司	
电 话	（010）59417747 59419778	
社 址	北京市海淀区西三环中路 10 号望海楼 E 座 7 层	
邮 编	100142	
印 刷	永清县晔盛亚胶印有限公司	
版 次	2019 年 8 月第 1 版	
印 次	2024 年 5 月第 2 次印刷	
开 本	710 毫米 ×1000 毫米 1/16	
印 张	12	
字 数	105 千字	
书 号	ISBN 978-7-5139-2180-0	
定 价	48.00 元	

注：如有印、装质量问题，请与出版社联系。

目　录

目 录

精读版·家庭书架

3

第一卷

东周策

一、秦兴师临周而求九鼎

||【原文】||

秦兴师临周而求九鼎，周君患之，以告颜率。颜率曰："大王勿忧，臣请东借救于齐。"

颜率至齐，谓齐王曰："夫秦之为无道也，欲兴兵临周而求九鼎，周之君臣，内自画计，与秦，不若归之大国。夫存危国，美名也；得九鼎，厚宝也。愿大王图之。"齐王大悦，发师五万人，使陈臣思将以救周，而秦兵罢。

齐将求九鼎，周君又患之。颜率曰："大王勿忧，臣请东解之。"颜率至齐，谓齐王曰："周赖大国之义，得君臣父子相保也，愿献九鼎，不识大国何途之从而致之齐？"齐王曰："寡人将寄径于梁。"颜率曰："不可。夫

梁之君臣欲得九鼎，谋之晖台之下，少海之上，其日久矣。鼎入梁，必不出。"齐王曰："寡人将寄径于楚。"对曰："不可，楚之君臣欲得九鼎，谋之于叶庭之中，其日久矣。若入楚，鼎必不出。"王曰："寡人终何途之从而致之齐？"颜率曰："弊邑固窃为大王患之。夫鼎者，非效醯壶酱甄耳，可怀挟挈以至齐者；非效鸟集乌飞，兔兴马逝，漓然止于齐者。昔周之伐殷，得九鼎，凡一鼎而九万人挽之，九九八十一万人，士卒师徒，器械被具，所以备者称此。今大王纵有其人，何途之从而出？臣窃为大王私忧之。"齐王曰："子之数来者，犹无与耳。"颜率曰："不敢欺大国，疾定所从出，弊邑迁鼎以待命。"齐王乃止。

【译文】

秦国兵临东周城下，向东周索要九鼎神器，周君为此忧心忡忡，就问计于颜率。颜率说："大王不必忧虑，臣请求向东方大国齐国求救。"

颜率到了齐国，对齐王说："秦国无道，要兵临周国城下索要九鼎，周国君臣内部谋划认为：与其把九鼎送给暴秦，还不如送给贵国这样的大国。如果贵国能保存我周国这样的危弱之国，一定能得到美名；而得到我们的九鼎，又得到了无价之宝。希望大王考虑！"齐王非常高兴，于是派遣5万大军，任命陈臣思为统帅前往救援东周，秦兵果然撤退。

当齐王向周索要九鼎，以兑现颜率的诺言时，周君又一次忧心忡忡。颜率说："大王不必担心，臣请求赴东方齐国解决这件事。"颜率来到齐国，对齐王说："我周国仰赖贵国的义举，君臣父子得以平安无事，因此心甘情愿把九鼎献给大王，但是却不知贵国要走哪条道路把九鼎从东周运回到齐国？"齐王说："寡人准备借道梁国（即魏国）。"颜率说："不可以。梁国君臣很早就想得到九鼎，他们在晖台之下和少海之上谋划这件事已很长时间了。九鼎一旦进入梁国，必然很难再出来。"齐王又说："那么寡人借道楚国。"颜率回答说："也不行，楚国君臣为了得到九鼎，很早就在叶庭进行谋划。假如九鼎进入楚国，也绝对不会再运出来。"齐王说："那么寡人究竟从哪里把九鼎运到齐国呢？"

颜率说："我小邦君臣私下也很为大王这件事为难。所谓九鼎，并不是像醋瓶子或酱罐子一类的东西，可以提在手上或揣在怀中就能拿到齐国；也不像群鸟聚集、乌鸦飞散、兔子奔跳、骏马疾驰那样飞快地进入齐国。从前周武王伐殷获得九鼎之后，拉运一个鼎就动用了九万人，九鼎就是九九共八十一万人。需要的士兵、工匠难以计数，此外还要准备相应的搬运工具和被服粮饷等物资。如今大王即使有这种人力和物力，又从哪条路运到齐国呢？臣在私下一直为大王担忧。"

齐王说："你屡次来我齐国，说来说去还是不想献出九鼎罢了！"颜率说："不敢欺骗贵国，只要大王能赶快决定从哪条路走，我小邦随时待命迁鼎。"齐王最终打消了取得九鼎的念头。

二、秦攻宜阳

【原文】

秦攻宜阳，周君谓赵累曰："子以为何如？"对曰："宜阳必拔也。"君曰："宜阳城方八里，材士十万，粟支数年，公仲之军二十万，景翠以楚之众，临山而救之，秦必无功。"对曰："甘茂，羁旅也，攻宜阳而有功，则周公旦也；无功，则削迹于秦。秦王不听群臣父兄之议而攻宜阳。宜阳不拔，秦王耻之。臣故曰拔。"君曰："子为寡人谋，且奈何？"对曰："君谓景翠曰：'公爵为执圭，官为柱国，战而胜，则无加焉矣；不胜，则死。不如背秦援宜阳。公进兵，秦恐公之乘其弊也，必以宝事公；公仲慕公之为己乘秦也，亦必尽其宝。'"秦拔宜阳，景翠果进兵。秦惧，遽效煮枣，韩氏果亦效重宝。景翠得城于秦，受宝于韩，而德东周。

【译文】

秦国攻打韩国的宜阳，东周君对赵累说："你预测一下结果会怎样？"赵累回答说："宜阳必定被秦国攻破。"东周君说："宜阳城方圆八里，勇士十万，粮食可以支用好几年，

韩国国相公仲的军队二十万，还有楚国大将景翠率领的兵士，依山扎寨，相机援救宜阳，秦国一定不会成功。"赵累回答说："秦将甘茂是寄居秦国的客将，如果攻打宜阳成功，就成了秦国的周公旦；如果不成功，就要在秦国销声匿迹。秦武王不听群臣父兄们的意见，执意进攻宜阳。如宜阳攻不下来，对秦武王来说是奇耻大辱。所以臣说宜阳一定能攻下来。"

东周君说："那么你替我谋划一下，我们应当怎么办？"赵累回答说："请您对楚将景翠说：'你的爵位已经是执圭，你的官职已经是柱国，就是打了胜仗，官爵也不可能再升了；如果不取胜，就必遭死罪。不如与秦国作对而去援助宜阳。你一出兵，秦国害怕你要乘秦军疲惫时袭击，就一定会讨好你；韩国国相公仲也会因为你为其攻打秦国，而送宝物给你。'"

秦军攻陷宜阳以后，楚将景翠果然发兵攻秦。秦国大为恐惧，赶紧把煮枣地方献给景翠。韩国果然也拿出宝物酬谢景翠。景翠不但得到了秦国的煮枣城，又得到了韩国的财宝，所以他非常感激东周。

三、东周欲为稻

【原文】

东周欲为稻，西周不下水，东周患之。苏子谓东周君曰："臣请使西周下水，可乎？"乃往见西周之君曰："君之谋过矣！今不下水，所以富东周也。今其民皆种麦，无他种矣。君若欲害之，不若一为下水，以病其所种。下水，东周必复种稻；种稻而复夺之。若是，则东周之民可令一仰西周而受命于君矣。"西周君曰："善。"遂下水。苏子亦得两国之金也。

【译文】

东周想种水稻，西周不放水，东周为此而忧虑。苏子就对东周君说："臣请求去说服西周放水，可以吗？"于是去拜见西周君说："您的计谋错了！现今不放水，反而使东周有了致富的机会。现在东周的百姓都种麦子，没有种其他东西。您如果想坑害他们，不如突然一下子给他们放水，去破坏他们的庄稼。放了水，东周一定又改种水稻；种上水稻就再给他们停水。如果这样，那么东周的百姓就完全依赖于西周而听命于您了。"西周君说："好。"于是就放水。苏子也得到了两国赏金。

四、温人之周

【原文】

温人之周，周不纳，问曰："客耶？"对曰："主人也。"问其巷而不知也，吏因囚之。君使人问之曰："子非周人，而自谓非客，何也？"对曰："臣少而诵《诗》，《诗》曰'普天之下，莫非王土；率土之滨，莫非王臣。'今周君天下，则我天子之臣，而又为客哉？故曰主人。"君乃使吏出之。

【译文】

魏国温城有一个人去东周，周人不准他入境，并问他："你是客人吧？"温人回答说："我是主人。"周人问他住在哪，他却答不上来，于是官吏就把他囚禁起来。周君派人问他："你既然不是周人，却又不承认自己是客人，这是为什么呢？"

温人回答说："臣自幼熟读《诗》，《诗》中说：'普天之下，莫非王土；率土之滨，莫非王臣'。如今周王君临天下，那么我就是天子的臣民，又怎么能说是客人呢？所以我才说是'主人'。"周君于是把这个人放了。

第二卷

西周策

一、薛公以齐为韩魏攻楚

【原文】

薛公以齐为韩、魏攻楚，又与韩、魏攻秦，而籍兵乞食于西周。韩庆为西周谓薛公曰："君齐为韩、魏攻楚，九年而取宛、叶以北，以强敢、魏，今又攻秦以益之。韩、魏南无楚忧，西无秦患，则地广而益重，齐必轻矣。夫本末更盛，虚实有时，窃为君危之。君不如令弊邑阴合于秦，而君无攻，又无籍兵乞食。君临函谷而无攻，令弊邑以君之情谓秦王曰：'薛公必破秦以张韩、魏。所以进兵者，欲王令楚割东国以与齐也。'秦王出楚王以为和，君令弊邑以此忠秦，秦得无破，而以楚之东国自免也，必欲之。楚王出，必德齐，齐得东国而益强，而薛世世无患。秦不大弱，而处之三晋之西，三晋必重齐。"薛公曰："善。"因令韩庆入秦，而使三国无攻秦，而使不籍兵乞食于西周。

【译文】

薛公（即齐国孟尝君田文）用齐国军队来为韩国、魏国攻打楚国，又联合韩国、魏国攻打秦国，而向西周借兵求粮。韩庆（韩国人但在西周作官）为了西周的利益对薛公说："您拿齐国为韩、魏攻楚，九年才攻取宛城和叶城以北地区，增强了韩、魏的势力。如今又联合攻秦，以增加韩、魏的势力。

韩、魏两国南边没有楚国骚扰，西边没有秦国祸患，两国版图辽阔势力更大，齐国必然要被轻视了。所谓本末盛衰交替，虚实因时而变，我很为您担心啊。您不如让我小邦暗中与秦合好，而您不要攻秦，也不必要向我小邦借兵求粮。您兵临函谷关而不要进攻，让我小邦把您的意图对秦王说：'薛公肯定不会破秦来扩大韩、魏。之所以进兵，是想让您秦王逼楚国割让东方的土地给齐国。'这样，秦王将会放回楚怀王并逼楚国割地赠齐来与齐保持和好关系（当时楚怀王被秦昭公以会盟名义骗入秦地，并被扣押），秦国得以不被攻击，而拿楚国的东方版图使自己免除灾难，肯定会愿意去做。楚王徥以归国，必定感激齐国，齐得到楚国的东方土地而愈发强大，而薛公您也就世世代代没有忧患了。秦国没有被削弱，而处于三晋（韩、赵、魏）的西邻，三晋也必定尊事齐国。"

薛公说："好。"因而派遣韩庆入秦，使三国停止攻秦，从而不向西周来借兵求粮。

二、雍氏之役

【原文】

雍氏之役，韩征甲与粟于周。周君患之，告苏代。苏代曰："何患焉？代能为君令韩不征甲与粟于周，又能为君得高都。"周君大悦曰："子苟能，寡人请以国听。"苏代遂往见韩相国公中曰："公不闻楚计乎？昭应谓楚王曰：'韩氏罢于兵，仓廪空，无以守城，吾收之以饥，不过一月必拔之。'今围雍氏五月不能拔，是楚病也。楚王始不信昭应之计矣，今公乃征甲及粟于周，此告楚病也。昭应闻此，必劝楚王益兵守雍氏，雍氏必拔。"公中曰："善。然吾使者已行矣。"

代曰："公何不以高都与周。"

公中怒曰："吾无征甲与粟于周，亦已多矣。何为与高都？"代曰："与之高都，则周必折而入于韩，秦闻之必大怒，而焚周之节，不通其使，是公以弊高都得完周也，何不与也？"公中曰："善。"不征甲与粟于周而与高都，楚卒不拔雍氏而去。

【译文】

楚国攻打韩国雍氏，韩国向西周索要兵粮。周君（《史记》中此为东周）为此忧虑，就问计于苏代。苏代说："何必烦恼？臣不但可以使韩国不向周求兵粮，而且可以为您夺得韩国的高都。"周君大为高兴，说："如果真能这样，那么以后寡人的国家都听从你的。"

苏代于是前往韩国拜见相国公仲侈说："难道您不知道楚国的计策吗？楚将昭应对楚王说：'韩国常年士兵疲敝，粮库空虚，毫无力量守住城池。我要乘韩国饥荒出兵，不到一个月，就可以攻下。'如今仅雍氏就已经五个月了，还不能攻克，这是楚国的大麻烦。楚王已经开始准备放弃昭应的计策了。现在您竟然向西周征兵征粮，这明明是告诉楚国韩国已经精疲力竭。

如果昭应知道这个情况，一定劝说楚王增兵包围雍氏，到时雍氏必然被攻陷。"公仲侈说："好。但我的使者已经去向周要兵粮了。"

苏代接着说："您为什么不把高都送给周呢？"

公仲侈很生气地说："我不向周征兵征粮，这已经够仁义了，为什么还要把高都送给周呢"苏代说："假如您能把高都送给周，那么周会再次跟韩国修好，秦国知道以后，必然大为震怒，定会焚毁周的符节，断绝使臣的来往。周断了与其他国家的联盟，而单单和好韩国，这不正是在用一个破烂的高都，换取一个完整的西周，为什么不愿意呢？"公仲侈说："好。"于是不向周征兵征粮，并把高都送给了周。楚军最终没能攻下雍氏而撤兵。

三、秦召周君

【原文】

秦召周君，周君难往。或为周君谓魏王曰："秦召周君，将以使攻魏之南阳。王何不出于河南？"周君闻之，将以为辞于秦而不往。周君不入秦，秦必不敢越河而攻南阳。

【译文】

秦国请西周君到秦国去，西周君害怕，不敢去。有人为西周君对魏王说："秦召见西周君，是要使西周攻取魏国的南阳。大王您何不出兵河南（即西周都城）？西周君听说后，就能以此为借口而不去秦国。西周君不去秦国，秦国必定不敢越过黄河而进攻南阳。"

第三卷

秦策

一、苏秦始将连横说秦

【原文】

苏秦始将连横说秦惠王曰："大王之国，西有巴、蜀、汉中之利，北有胡貉、代马之用，南有巫山、黔中之限，东有肴、函之固。田肥美，民殷富，战车万乘，奋击百万，沃野千里，蓄积饶多，地势形便，此所谓'天府'，天下之雄国也。以大王之贤，士民之众，车骑之用，兵法之教，可以并诸侯，吞天下，称帝而治，愿大王少留意，臣请奏其效。"

秦王曰："寡人闻之，毛羽不丰满者，不可以高飞；文章不成者，不可以诛罚；道德不厚者，不可以使民；政教不顺者，不可以烦大臣。今先生俨然不远千里而庭教之，愿以异日。"

苏秦曰："臣固疑大王不能用也。昔者神农伐补遂，黄帝伐涿鹿而禽蚩尤，尧伐驩兜，舜伐三苗，禹伐共工，汤伐有夏，文王伐崇，武王伐纣，齐桓任战而伯天下。由此观之，恶有不战者乎？古者使车毂击驰，言语相结，天下为一；约从连横，兵革不藏；文士并饬，诸侯乱惑，万端俱起，不可胜理；科条既备，民多伪态；书策稠浊，百姓不足；上下相愁，民无所聊；明言章理，兵甲愈起；辩言伟服，战攻不息；繁称文辞，天下不治；舌弊耳聋，不见成功；行义约信，天下不亲。于是，乃废文任武，厚养死士，缀甲厉兵，效胜于战场。夫徒处而致利，安坐而广地，虽古五帝、三王、五伯，明主贤君，常欲坐而致之，其势不能，故以战续之。宽则两军相攻，迫则杖戟相，然后可建大功。是故兵胜于外，义强于内；武立于上，民服于下。今欲并天下，凌万乘，诎敌国，制海内，子元元，臣诸侯，非兵不可！今之嗣主，忽于至道，皆惛于教，乱于治，迷于言，惑于语，沉于辩，溺于辞。以此论之，王固不能也。"

说秦王书十上而说不行。黑貂之裘弊，黄金百斤尽，资用乏绝，去秦而归。嬴縢履蹻，负书担橐，形容枯槁，面目黎黑，状有愧色。归至家，妻不下絍，嫂不为炊，父母不与言。苏秦喟叹曰："妻不以我为夫，嫂不以我为叔，父母不以我为子，是皆秦之罪也！"乃夜发书，陈箧数十，得太公阴符之谋，伏而诵之，简练以为揣摩。读书欲睡，引锥自刺其股，血流至足。曰："安有说人主不能出其金玉锦绣，取卿相之尊者乎？"期年揣摩成，曰："此真可以说当世之君矣！"

于是乃摩燕乌集阙，见说赵王于华屋之下，抵掌而谈。赵王大悦，封为

武安君，受相印。革车百乘，绵绣千纯，白璧百双，黄金万溢，以随其后，约从散横，以抑强秦。故苏秦相于赵而关不通。

当此之时，天下之大，万民之众，王侯之威，谋臣之权，皆欲决苏秦之策。不费斗粮，未烦一兵，未张一士，未绝一弦，未折一矢，诸侯相亲，贤于兄弟。夫贤人在而天下服，一人用而天下从。故曰：式于政，不式于勇；式于廊庙之内，不式于四境之外。当秦之隆，黄金万溢为用，转毂连骑，炫煌于道，山东之国，从风而服，使赵大重。且夫苏秦特穷巷掘门桑户棬枢之士耳，伏轼撙衔，横历天下，廷说诸侯之王，杜左右之口，天下莫之能伉。

将说楚王，路过洛阳，父母闻之，清宫除道，张乐设饮，郊迎三十里。妻侧目而视，倾耳而听。嫂蛇行匍伏，四拜自跪而谢。苏秦曰："嫂，何前倨而后卑也？"嫂曰："以季子之位尊而多金。"苏秦曰："嗟乎！贫穷则父母不子，富贵则亲戚畏惧。人生世上，势位富贵，盖可忽乎哉！"

【译文】

苏秦一开始用连横的策略游说秦惠王道："大王您的国家，西面有巴、蜀、汉中等地的富饶物产，北方有胡人地区的贵重兽皮与代地的良马，南边有巫山、黔中作为屏障，东方又有崤山、函谷关这样坚固的要塞。土地肥沃，民殷国富；战车万辆，壮士百万；沃野千里，资源丰富，积蓄充足；地势险要，能攻易守。这正是天下公认的'天府之国'，秦国因此成为天下雄国。凭着大王您的贤能，秦国士卒与百姓的众多，战车等武器的巨大作用，兵法和谋略的运用之妙，完全可以吞并其他诸侯，一统天下，称号帝王。希望大王能稍稍考虑一下我所说的，允许臣陈述自己的方略。"

秦惠王说："寡人常听人说：羽毛不够丰满的鸟儿不可以高飞，法令不完备的国家不可以奖惩刑罚，道德不崇高的君主不可统治万民，政策教化不顺应天意的君主不可以号令大臣，如今先生不远千里来到我秦国登庭指教，寡人内心非常感激，不过关于军国大计，最好还是等将来再说吧！"

苏秦说："我本来就怀疑大王不能听取我的意见。以前神农攻打补遂，黄帝讨伐涿鹿擒获蚩尤，唐尧放逐驩兜，虞舜攻打三苗，夏禹王攻打共工，商汤王灭夏桀，周文王攻打崇侯，周武王灭商纣，齐桓公用战争雄霸天下，都说明了一个国家要想称霸天下，哪有不经过战争就达到目的的？古代使者都坐着兵车奔驰，各国互相缔结口头盟约，谋求天下统一；虽然讲究合纵连横，却是战争不息；说客和谋士们进行巧辩和权诈之术，致使诸侯慌乱疑惑，结果一切纠纷都从此发生，简直复杂到无法处理的地步；章程和法律都完备的国家，人们又常常做出虚伪的行为；文书、籍策杂乱繁琐，百姓生活贫困不足；君臣上下都愁眉不展，百姓无所依赖；法令规章越多，战争发生的也就越多；能言善辩、穿着儒士服装的越多，战争就越发无法停止。什么事如果不顾根本而专门讲求文辞末节，天下就越发无法太平。因此说客的舌头说焦了，听的人耳朵都要听聋了，却不见什么成效；做事即使讲义气守信用，也没办法使天下和平安乐。"

"因此就废除文治而使用武力，召集并且礼遇敢死之士，制作好各种甲胄，磨光各种刀枪，然后到战场上去争胜负。大王要明白，没有行动却想使国家富强，安居不动却要使国土扩大，即使是古代帝王、三王、五霸和明主贤君，想不用刀兵而获得这些，也是无法实现的。所以只有用战争才能达成国家富强的目的。距离远的就用军队互相攻伐，距离近的就短兵相杀，只有如此才能建立伟大功业。所以军队如果能得胜于外，那么国内民众的意气就会高涨，君王的威权就会增强，人民会自然地服从统治。现在假如想要并吞天下，夺取王位，征服敌国，辖制海内，治理百姓，号令诸侯，实在是非用武力不行。可是如今继嗣当政的君主，却都忽略了用兵的重要性，不懂得教化人民；不修明政治，常被一些诡辩之士的言论所迷惑，沉溺在游说之士的言语辩辞中，而误信各种不适当的外交政策。依照这样的情形，大王一定不能实现连横。"

苏秦游说秦王的奏章，虽然一连上了十多次之多，但他的建议始终没被秦王采纳。他的黑貂皮袄也破了，一百两黄金也用完了，最后甚至连房旅费都没有了，不得已只好离开秦国回到洛阳。他腿上打着裹脚，脚上穿着草鞋，背着一些破书，挑着自己的行囊，形容枯槁、神情憔悴，面孔又黄又黑，很显失意。他回到家里以后，正在织布的妻子不理他，嫂子也不肯给他做饭，甚至父母也不跟他说话，因此他深深叹息："妻子不把我当丈夫，嫂子不把我当小叔，父母不把我当儿子，这都是我苏秦的罪过。"

当晚，苏秦就从几十个书箱里面找出一部姜太公著的《阴符》来。从此他就趴在桌子上发奋钻研，选择其中重要的加以熟读，而且一边读一边揣摩演练。当他读书读到疲倦打瞌睡时，就用锥子刺自己的大腿，鲜血一直流到自己的脚上。他自语道："哪有游说人主而不能让他们掏出金玉锦绣，得到卿相尊

位的呢？"过了一年，他的研究和演练终于成功，他又自言自语说："现在我真的可以去游说各国君王了。"

于是苏秦就步入赵国的燕乌集阙宫门，在华屋之下游说赵王。他对赵王滔滔不绝地说出合纵的战略和策略，赵王听了大喜过望，立刻封他为武安君，并授以相印，兵车一百辆、锦绣一千束，白璧一百双，黄金二十万两，车队尾随其后，到各国去约定合纵，拆散连横，以此压制强秦。

因此，当苏秦在赵国做宰相时，秦国不敢出兵函谷关。在当时，广大天下、众多百姓、威武的诸侯、掌权的谋臣，都要听苏秦一人来决定一切政策。没耗费一斗军粮，没征用一个兵卒，没派遣一员大将，没有用坏一把弓，没损失一支箭，就使天下诸侯和睦相处，甚至比亲兄弟还要亲近。由此可见，只要有贤明人士当权主政，天下就会顺服稳定；只要有这样的一个人得到合适的使用，天下就会服从领导。所以说："应该运用政治手段解决问题，而不必用武力征服来处理一切；要在朝廷上慎谋策划、运筹帷幄，而不必到边疆上去厮杀作战。"

当苏秦权势显赫、红极一时的时候，金帛二十万两供他使用，他所指挥的战车和骑兵连接不断，所到之处都显得威风八面，崤山以东的各诸侯国，莫不望风听从他的号令，他在赵国的地位也越来越受到尊重。其实苏秦此人，当初只不过是一个住在陋巷、掘墙做门、砍桑做窗、用弯曲的木头作门框的那类穷人罢了。但现在他却常常坐上豪华的四马战车，骑着高头大马游历天下，在各诸侯国朝廷上游说君王，使各诸侯王的亲信不敢开口，天下没有谁敢与他对抗了。

苏秦要去游说楚威王，路过洛阳。父母得知，就赶紧整理房间、清扫道路，雇用乐队，准备酒席，到距城三十里远的地方去迎接；妻子对他敬畏得不敢正视、斜着眼睛来看他的威仪，侧着耳朵听他说话；而嫂子跪在地上不敢站起，像蛇一样在地上爬，对苏秦一再叩头请罪。苏秦问："嫂子你对待我为什么以前那样的傲慢不逊，而现在又这样的卑贱下作呢？"他嫂子答："因为现在你地位尊显、钱财富裕的缘故。"苏秦长叹一声说道："唉！一个人如果穷困落魄，连父母都不把他当儿子，然而一旦富贵显赫之后，亲戚朋友都感到畏惧。由此可见，一个人活在世界上，权势和富贵怎么能忽视不顾呢！"

二、张仪说秦王曰

【原文】

张仪说秦王曰："臣闻之，弗知而言为不智，知而不言为不忠。为人臣不忠当死，言不审亦当死。虽然，臣愿悉言所闻，大王裁其罪。臣闻，天下阴燕阳魏，连荆固齐，收余韩成从，将西南以与秦为难，臣窃笑之。世有三亡，而天下得之，其此之谓乎！臣闻之曰：'以乱攻治者亡，以邪攻正者亡，以逆攻顺者亡'。今天下之府库不盈，囷仓空虚，悉其士民张军数千百万，白刃在前，斧质在后，而皆去走，不能死，罪其百姓不能死也，其上不能杀也。言赏则不与，言罚则不行，赏罚不行，故民不死也。

"今秦出号令而行赏罚，不功无功相事也。出其父母怀衽之中，生未尝见寇也，闻战顿足徒裼，犯白刃，蹈煨炭，断死于前者比是也。夫断死与断生也不同。而民为之者是贵奋也。一可以胜十，十可以胜百，百可以胜千，千可以胜万，万可以胜天下矣。今秦地形，断长续短，方数千里，名师数百万，秦之号令赏罚，地形利害，天下莫如也。以此与天下，天下不足兼而有也。是知秦战未尝不胜，攻未尝不取，所当未尝不破也。开地数千里，此甚大功也。然而甲兵顿，士民病，蓄积索，田畴荒，囷仓虚，四邻诸侯不服，伯王之名不成，此无异故，谋臣皆不尽其忠也。

"臣敢言往昔。昔者齐南破荆，中破宋，西服秦，北破燕，中使韩、魏之君，地广而兵强；战胜攻取，诏令天下；济清河浊，足以为限；长城、钜坊，足以为塞。齐，五战之国也。一战不胜而无齐。故由此观之，夫战者，万乘之存亡也。

"且臣闻之曰：'削株掘根，无与祸邻，祸乃不存。'秦与荆人战，大破荆，袭郢，取洞庭、五都、江南。荆王亡奔走，东伏于陈。当是之时，随荆以兵，则荆可举。举荆，则其民足贪也，地足利也。东以强齐、燕，中陵三晋。然则是一举而伯王之名可成也，四邻诸侯可朝也。而谋臣不为，引军而退，与荆人和。今荆人收亡国，聚散民，立社主，置宗庙，令帅天下西面以与秦为难，此固已无伯王之道一矣。天下有比志而军华下，大王以诈破之，兵至梁郭，围梁数旬，则梁可拔。拔梁，

则魏可举。举魏，则荆、赵之志绝。荆、赵之志绝，则赵危。赵危而荆孤。东以强齐、燕，中陵三晋。然则是一举而伯王之名可成也，四邻诸侯可朝也。而谋臣不为，引军而退，与魏氏和，令魏氏收亡国，

聚散民，立社主，置宗庙，此固已无伯王之道二矣。前者穰侯之治秦也，用一国之兵，而欲以成两国之功。是故兵终身暴灵于外，士民潞病于内，伯王之名不成，此固已无伯王之道三矣。

"赵氏，中央之国也，杂民之所居也。其民轻而难用，号令不治，赏罚不信，地形不便，上非能尽其民力。彼固亡国之形也，而不忧其民氓。悉其士民，军于长平之下，以争韩之上党，大王以诈破之，拔武安。当是时，赵氏上下不相亲也，贵贱不相信，然则是邯郸不守。拔邯郸，完河间，引军而去，西攻修武，逾羊肠，降代、上党。代三十六县，上党十七县，不用一领甲，不苦一民，皆秦之有也。代、上党不战而已为秦矣，东阳河外不战而已反为齐矣，中呼池以北不战而已为燕矣。然则是举赵则韩必亡，韩亡则荆、魏不能独立。荆、魏不能独立，则是一举而坏韩，蠹魏，挟荆，以东弱齐、燕，决白马之口，以流魏氏。一举而三晋亡，从者败。大王拱手以须，天下遍随而伏，伯王之名可成也。而谋臣不为，引军而退，与赵氏为和。以大王之明，秦兵之强，伯王之业，地尊不可得，乃取欺于亡国，是谋臣之拙也。且夫赵当亡不亡，秦当伯不伯，天下固量秦之谋臣一矣。乃复悉卒以攻邯郸，不能拔也，弃甲兵怒，战栗而却，天下固量秦力二矣。军乃引退，并于李下，大王并军而致与战，非能厚胜之也，又交罢却，天下固量秦力三矣。内者量吾谋臣，外者极吾兵力。由是观之，臣以天下之从，岂其难矣？内者吾甲兵顿，士民病，蓄积索，田畴荒，囷仓虚；外者天下比志甚固。愿大王有以虑之也。

"且臣闻之，'战战栗栗，日慎一日'。苟慎其道，天下可有也。何以知其然也？昔者纣为天子，帅天下将甲百万，左饮于淇谷，右饮于洹水，淇水竭而洹水不流，以与周武为难。武王将素甲三千领，战一日，破纣之国，禽其身，据其地，而有其民，天下莫不伤。智伯帅三国之众，以攻赵襄主于晋阳，决水灌之。三年，城且拔矣。襄主错龟数策占兆，以视利害，何国可降，而使张孟谈。于是潜行而出，反智伯之约，得两国之众，以攻智伯之国，禽其身，以成襄子之功。今秦地断长续短，方数千里，名师数百万，秦国号令赏罚，地形利害，天下莫如也。以此与天下，天下可兼而有也。

"臣昧死望见大王，言所以举破天下之从，举赵、亡韩，臣荆、魏，亲齐、燕，以成伯王之名，朝四邻诸侯之道。大王试听其说，一举而天下之从不破，赵不举，韩不亡，荆、魏不臣，齐、燕不亲，伯王之名不成，四邻诸侯不朝，大王斩臣以徇于国，以主为谋不忠者。"

【译文】

张仪游说秦王说："我听说：'不知道而开口发言是不明智的，知道而不说是不忠的。'作为一个臣子，对君王不忠就该死，说话不审慎也该死。尽管这样，但我仍然愿意把所有见闻都说给大王听，请大王裁决定罪。我听说四海之内，北方的燕国和南方的魏国又在连结荆楚，巩固同齐国的联盟，收罗残余的韩国势力，形成合纵的联合阵线，面向西方，与秦国对抗。臣私下不禁失笑。

天下有三种亡国的情况，而现在天下诸侯这三种亡国的情况都有了，可能说的就是今天的世道！我听人说："以混乱之国去攻打治理有序之国必遭败亡，以邪恶之国去攻打正义之国必遭败亡，以背逆天道之国去攻打顺应天道之国必遭败亡。"如今天下诸侯国储藏财货的仓库很不充实，屯积米粮的仓库也很空虚，他们征召所有人民，发动千百万计的军队，即使是白刃在前，利斧在后的逼迫，军士仍然都退却逃跑，不能和敌人拼死一战。其实并不是他们的人民不肯效死命，而是由于统治者拿不出好办法进行教育。说奖赏而不给予，说处罚却不执行，所以人民才不肯为国死战。

现在秦国号令清晰，赏罚分明，有功无功都按照实际情形进行奖惩。每个人离开父母怀抱之初，从来就没有见过敌人，然而一听说作战就踩脚、露胸，决心死战，迎着敌人的刀枪，勇往直前，赴汤蹈火在所不惜，决心要为国家死在战场上的人比比皆是。决心死战和决心逃生是不同的，但秦国人仍然愿意去战死，就是由于重视奋战至死精神的缘故。一人可以战胜十人，十人可以战胜百人，百人可以战胜千人，千人可以战胜万人，万人可以战胜全天下。如今秦国的地势，截长补短方圆有数千里，强大的军队有几百万。而秦国的号令和赏罚、险峻有利的地形，天下诸侯都望尘莫及。用这种优越条件和天下诸侯争雄，全天下也不够秦国吞并的。由此可以知道，秦国是战无不胜，攻无不取，所向无敌，完全可以开拓土地几千里，那将是很伟大的功业。然而如今，秦国军队疲惫，人民穷困，积蓄用绝，田园荒废，仓库空虚，四邻诸侯不肯臣服，霸业不能树立，出现这种令人惊讶的情况并没有其他原因，主要是秦国谋臣不能尽忠的缘故。

臣说说从前的事：从前齐国往南击破荆楚，往东战败了宋国，往西征服了秦国，北方更打败了燕国，在中原地带又指挥韩、魏两国的君主。土地广大，兵强马壮，攻城略地，战无不胜，号令天下诸侯，清清的济水和混浊的黄河都是他的天然屏障，巨大的长城足可以作他的防守掩体。齐国是一连五次战胜的强国，可是只战败一次，齐国就没有了，由此可见，用兵作战可以决定万乘大国的生死存亡。

我还听说：'斩草要除根，不给祸留下作为，祸才不会存。'从前秦国和楚国作战，秦兵大败楚军，占领了楚国首都郢城，同时又占领了洞庭湖、五都、江南等地，楚王向东逃亡，藏在陈地。在那个时候，只要把握时机继续攻打楚国，就可以占领楚国的全部土地。而占领了楚国，那里的人民就足够使用，那里的物产就足可以满足物质需要，东面对抗齐、燕两国，中原可以凌驾在三晋（指韩、赵、魏三国）之上，如果这样就可以一举而完成霸业，使天下诸侯都来秦廷称臣。然而当时的谋臣不但不肯这样做，反而撤兵和楚人讲和，现在楚已收复了所有失地，重新集合逃散的人民，再度建立起宗庙和社稷之主，他们得以率领天下诸侯往西面来跟秦国对抗。这样，当然秦国就第一次失去了建立霸业的机会。后来其他诸侯国同心一致、联合兵临华阳城下。幸亏大王用诈术击溃了他们，一直进兵到魏都大梁外。当时只要继续围困几十天，就可以占领大梁城。占领大梁，就可以攻下魏国，攻下了魏国，赵、楚的联盟就拆散了，赵国就会处于危难之地。赵国陷入危难之地，楚国就孤立无援。

这样秦国东可以威胁齐、燕，中间可以驾驭三晋，如此也可以一举建立霸王功业，使天下诸侯都来朝贺。然而谋臣不但不肯这样做，反而引兵自退，与魏讲和，使魏国有了喘息的机会。如此秦国就第二次失去了建立霸业的机会。前不久穰侯为相，治理秦国，他用一国的军队，却想建立两国才能完成的功业。即使军队在边境外风吹日晒雨淋，人民在国内劳苦疲惫，霸王的功业却始终不能建立，这也就使秦国第三次失去了建立霸业的机会。

赵国在诸侯中位居中央，人民五方杂居。赵国民众轻浮而不好治理，以致使国家号令无法贯彻，赏罚毫无信用。赵国的地理位置不利于防守，统治者又不能使人民的潜力全部发挥出来，这一切已是一种亡国的形势了。再加上不体恤民间疾苦，几乎把全国的老百姓都征发到长平战场，去跟韩国争上党。大王以计谋战胜赵国，既而攻克武安。当时赵国君臣彼此不合作，官民也互不信赖，这样邯郸就无法固守，如果秦军攻下邯郸，在河间修整军队，再率领军队往西攻打修武，经过羊肠险塞，降服代和上党。代有36县，上党有27县，不用一副盔甲，不费一兵卒，就都成了秦国所有。代和上党不经过战争就成为秦国土地，赵国的东阳和河外等地不经过战争将反归齐国，中呼

池以北之地不经过战争将属于燕国。既然如此，攻下赵国之后，韩国就必然灭亡，韩国灭亡以后，楚、魏就不能独立；楚魏既然不能独立，就可一举攻破韩国；韩国既破，就伤害到魏国，然后再挟持楚国往东去削弱齐、燕，挖开白马津的河口来淹魏国。如此一举就可以灭三晋，而六国的合纵联盟也势将瓦解，大王只要拱手在那里等着，天下诸侯就会一个跟着一个来投降，霸王之名号即刻就可以建立。只可惜这一切都是假设，因为谋臣不但不这样做，反而自动退兵跟赵国讲和了。

凭大王的贤明和秦兵的强盛，竟然建立不起天下霸主的基业，而且被即将灭亡的各诸侯国欺凌，这一切都是由于谋臣的愚昧笨拙所导致的。赵国当亡不亡，秦国该称霸又不能称霸，天下人已经看透了秦国谋臣的本领高低，此其一。秦国曾用全国之兵，去攻打赵国的邯郸，不但没有攻下反而被敌人打得丢盔卸甲，将士们又气又怕地败下阵来，天下人已经看透了秦国将士的斗志，此其二。军队退下来以后，都聚集在李下（地名），大王又重新编整努力督促将士们作战，可是并没有取得大胜，就纷纷罢兵撤退，天下人又看透了秦国军队的战斗力，此其三。在内看透了秦国的谋臣，在外看透了秦国的将士。由此观之，臣认为天下的合纵力量，难道不是更难对付了？秦国的军队疲劳不堪，人民极端困顿，再加上积蓄用尽、田园荒芜、仓库空虚；而国外诸侯合纵，团结一致，甚为坚固，但愿大王能多加考虑这危机！

我又听人说：‘战战兢兢，日慎一日。’假如谨慎得法，可以占有全天下。怎么知道是这样呢？古代殷纣王做天子，率领天下百万大军，左边的军队还在淇谷饮马，右边军队已到洹水喝水了，竟把淇水和洹水都喝干了。殷纣王是用这么雄壮庞大的大军跟周武王作战，可是武王只率领了3000名穿着简单盔甲的战士，仅仅经过一天战斗就打败了纣王之军，俘虏了殷的全部臣民，拥有了殷的全部土地，天下竟没有一个人同情纣王。以前智伯率领韩、赵、魏三国的兵众，前往晋阳去攻打赵襄子，智伯掘出晋水河采取水攻，经过三年之久的攻打，当晋阳城快被攻下时，赵襄子用乌龟进行占卜，看看自己国家命运的吉凶，预测双方到底谁败降。赵襄子又使用反间计，派赵国大臣张孟谈，悄悄出城，破坏韩、魏与智伯的盟约，结果争取到韩、魏两国的合作，然后合力来攻打智伯，终于大败智伯的军队，俘虏了智伯本人。张孟谈于是成为赵襄子的一大功臣。如今秦国的号令清晰，赏罚分明，再加上地形的优势，天下诸侯没有能比得上的。如果凭这种优势，而与天下诸侯争胜，整个天下就可以被秦征服。

　　臣冒死罪，希望见到大王，谈论秦国的战略以及怎样能够破坏天下的合纵战略及其力量，灭赵亡韩，迫使楚魏称臣，联合齐、燕加盟，建立霸王之业，让天下诸侯都来朝贡。请大王姑且采用我的策略，假如不能一举而瓦解天下合纵，攻不下赵，灭不了韩，魏、楚不称臣，齐、燕不加盟，霸王之业不能建立，天下诸侯不来朝贡，那就请大王砍下我的头，在全国各地轮流示众，以惩戒那些为君主谋划而不尽忠的臣子。"

三、司马错与张仪争论于秦惠王前

【原文】

　　司马错与张仪争论于秦惠王前。司马错欲伐蜀，张仪曰："不如伐韩。"王曰："请闻其说。"

　　对曰："亲魏善楚，下兵三川，塞轘辕、缑氏之口，当屯留之道，魏绝南阳，楚临南郑，秦攻新城、宜阳，以临二周之郊，诛周主之罪，侵楚、魏之地。周自知不救，九鼎宝器必出。据九鼎，安图籍，挟天子以令天下，天下莫敢不听，此王业也。今夫蜀，西辟之国，而戎狄之长也，弊兵劳众不足以成名，得其地不足以为利。臣闻'争名者于朝，争利者于市。'今三川、周室，天下之市朝也，而王不争焉，顾争于戎狄，去王业远矣。"

　　司马错曰："不然，臣闻之，欲富国者，务广其地；欲强兵者，务富其民；欲王者，务博其德。三资者备，而王随之矣。今王之地小民贫，故臣愿从事于易。夫蜀，西辟之国也，而戎狄之长也，而有桀、纣之乱。以秦攻之，譬如使豺狼逐群羊也。取其地，足以广国也；得其财，足以富民；缮兵不伤，众而彼以服矣。故拔一国，而天下不以为暴；利尽西海，诸侯不以为贪。是我一举而名实两附，而又有禁暴正乱之名。今攻韩劫天子，劫天子，恶名也，而未必利也，又有不义之名，而攻天下之所不欲，危！臣请谒其故：周，天下之宗室也；齐，韩、周之与国也。周自知失九鼎，韩自知亡三川，则必将二国并力合谋，以因于齐、赵，而求解乎楚、魏。以鼎与楚，以地与魏，王不能禁。此臣所谓'危'，不如伐蜀之完也。"惠王曰："善！寡人听子。"

辛起兵伐蜀，十月取之，遂定蜀。蜀主更号为侯，而使陈庄相蜀。蜀既属，秦益强富厚，轻诸侯。

【译文】

司马错和张仪在秦惠王面前争论。司马错主张秦国应该先去攻打蜀国，张仪说："不如先去攻打韩国。"秦惠王说："说说你的意见。"

张仪回答说："我们先跟楚、魏两国结盟，然后再出兵到三川、堵住轩辕和缑氏山的通口，挡住屯留的道口，魏国出兵占据南阳，楚军逼进南郑，秦兵再攻打新城、宜阳，这样我们便兵临东西周的都城外，诛罚二周的罪过，并且可以攻入楚、魏两国。周王知道自己的危急，一定会交出传国之宝。我们据有传国之宝，再按照地图户籍，假借周天子的名义号令诸侯，天下又有谁敢不听我们的命令呢？这才是霸王之业。而蜀国，只是一个在西方边远之地，野蛮人居住的国家，我们即使劳民伤财发兵前往攻打，也不足以因此而建立霸业；臣常听人说：'争名的人要在朝廷，争利的人要在市场。'现在三川和周室，正是天下的市场和朝廷，可是大王却不去争，反而争夺戎、狄等蛮夷之邦，这和霸王之业距离实在太远了。"

　　司马错说："事情并不像张仪所说的那样，据我所知：'要想使国家富强，务必先扩张领土；要想兵强马壮，必须先使人民富足；要想得到天下，一定要先广施仁政。这三件事都做到以后，那么天下自然可以获得。'如今大王地盘小而百姓穷，所以臣希望大王先从容易的地方着手。蜀国是一个偏僻小国，而且是戎、狄的领袖，并且乱得像夏桀、商纣一样，如果用秦国的兵力去攻打蜀国，就好像派狼群去驱逐羊群一样简单。秦国得到蜀国的土地可以扩大版图，得到蜀国的财富可以富足百姓，虽是用兵却不伤害一般百姓。并且又让蜀国自动屈服。所以秦虽然灭亡了蜀国，而诸侯不会认为是暴虐；即使秦抢走蜀国的一切财富珍宝，诸侯也不会以秦为贪。这正是一举而名利双收，甚至还可以得到除暴安良的美名。

　　如今如果我们去攻打韩国、劫持天子会怎样呢？劫持天子，得到的是恶名，而并非什么利益，反而落得一个不仁不义的坏名。干天下人不愿做的事情，实在是一件危险的事。这其中危险在于：周天子是天下的共主，而且齐是韩与周的友邦，周自己知道要失掉九鼎，韩自己清楚要失去三川，这样两国必然精诚合作，共同联络齐、赵去解楚、魏之围，两国会自动地把九鼎献给楚，把土地割让给魏，这一切大王是不能制止的，这也就是臣所说的危险所在。因此，攻打韩国是失策，先伐蜀才是万全之计。"

　　秦惠王说："好！寡人听你的。"

36

　　于是秦国就出兵攻打蜀，经过十个月的征讨，终于占领了蜀地，把蜀主的名号改为侯，并且派秦臣陈庄去作蜀的相国。蜀地既已划归秦国的版图，秦国就越发强盛富足，而且更加轻视天下诸侯。

四、齐助楚攻秦

【原文】

齐助楚攻秦，取曲沃。其后，秦欲伐齐，齐、楚之交善，惠王患之，谓张仪曰："吾欲伐齐，齐、楚方欢，子为寡人虑之，奈何？"张仪曰："王其为臣约车并币，臣请试之。"

张仪南见楚王，曰："弊邑之王所说甚者，无大大王；唯仪之所甚愿为臣者，亦无大大王。弊邑之王所甚憎者，无大齐王；唯仪甚憎者，亦无大齐王。今齐王之罪，其于弊邑之王甚厚，弊邑欲伐之，而大国与之欢，是以弊邑之王不得事令而仪不得为臣也。大王苟能闭关绝齐，臣请使秦王献商於之地，方六百里。若此，齐必弱，齐弱则必为王役矣。则是北弱齐，西德于秦，而私商於之地以为利也，则此一计而三利俱至。"

楚王大说，宣言之于朝廷，曰："不榖得商於之田，方六百里。"群臣闻见者毕贺，陈轸后见，独不贺。楚王曰："不榖不烦一兵不伤一人，而得商於之地六百里，寡人自以为智矣！诸士大夫皆贺，子独不贺，何也？"陈轸对曰："臣见商於之地不可得，而患必至也，故不敢妄贺。"王曰："何也？"对曰："夫秦所以重王者，以王有齐也。今地未可得而齐先绝，是楚孤也，秦又何重孤国？且先出地绝齐，秦计必弗为也。先绝齐后责地，且必受欺于张仪。受欺于张仪，王必惋之。是西生秦患，北绝齐交，则两国兵必至矣。"楚王不听，曰："吾事善矣！子其弭口无言，以待吾事。"楚王使人绝齐，使者未来，又重绝之。

张仪反，秦使人使齐，齐、秦之交阴合。楚因使一将军受地于秦。张仪至，称病不朝。楚王曰："张子以寡人不绝齐乎？"乃使勇士往詈齐王。张仪知楚绝齐也，乃出见使者曰："从某至某，广从六里。"使者曰："臣闻六百里，不闻六里。"仪曰："仪固以小人，安得六百里？"使者反报楚王，楚王大怒，欲兴师伐秦。陈轸曰："臣可以言乎？"王曰："可矣。"轸曰："伐秦非计也，王不如因而赂之一名都，与之伐齐，是我亡于秦而取偿于齐也。楚国不尚全乎？王今已绝齐，而责欺于秦，是吾合齐、秦之交也，国必大伤。"

楚王不听，遂举兵伐秦。秦与齐合，韩氏从之。楚兵大败于杜陵。故楚之土壤士民非削弱，仅以救亡者，计失于陈轸，过听于张仪。

【译文】

　　齐国帮助楚国进攻秦国，攻下了曲沃（秦地）。后来，秦想要进攻齐国。可是由于齐、楚很友好，秦惠王为此甚感忧虑，于是就对张仪说："我想要发兵攻齐，无奈齐、楚两国关系正密切，您为寡人考虑一下怎么办才好？"张仪说："请大王为臣准备车马和金钱，让臣去试试看！"

39

于是张仪去见楚怀王说："敝国国王最敬重的人莫过于大王您了,我做臣子,也莫过于希望给大王您做臣子;敝国所最痛恨的君主莫过于齐国,而臣张仪最不愿侍奉的君主莫过于齐王。现在齐国罪恶,对秦王来说是最严重的,因此秦国才准备发兵征讨齐国,无奈贵国跟齐国缔结有军事攻守同盟,以致使秦王无法侍奉大王,同时也不能使臣张仪做大王的忠臣。然而如果大王能关起国门跟齐断绝邦交,臣可以劝秦王献上方圆六百里的商、於之地。如此一来,齐国必定走向衰弱;齐走向衰弱以后,就必然听从大王号令。这样一来,楚国不但在北面削弱了齐国的势力,而又在西边对秦国施有恩惠,同时更获得了商、於六百里的土地,这真是一举而得三利。"

楚怀王非常高兴,就赶紧在朝宣布:"寡人已经从秦国得到商、於六百里肥沃的土地!"群臣听了怀王的宣布,都一致向怀王道贺,唯独陈轸最后晋见,而且不向怀王道贺。这时怀王就很诧异地问:"寡人不发一兵,而且没有伤亡一名将士,就得到商、於六百里土地,自认为很明智了。朝中文武百官都向寡人道贺,偏只有贤卿一人不道贺,这是为什么?"陈轸回答说:"因为我认为,大王不但得不到商、於六百里,反而会招来祸患,所以臣才不敢随便向大王道贺。"怀王问:"这是什么道理呢?"陈轸回答说:"秦王所以重视大王的原因,是因为有齐国这样一个强大盟邦。如今秦国还没把地割给大王,大王就跟齐国断绝邦交,如此就会使楚国陷于孤立状态,秦国又怎会重视一个孤立无援的国家呢?何况如果先让秦国割让土地,楚国再来跟齐断绝邦交,秦国必不肯这样做;要是楚国先跟齐国断交，然后再向秦要求割让土地，那么必然遭到张仪欺骗而得不到土地。受了张仪的欺骗，以后大王必然懊悔万分；结果是西面惹出秦国的祸患，北面切断了齐国的后援，这样秦、齐两国的兵都将进攻楚国。"楚王不听从，说："我的事已经办妥当了，你不要再多说，就等着看吧！"于是怀王派使者前往齐国宣布跟齐断绝邦交，还没等第一个绝交使者回来，楚王竟急着第二次派人去与齐国绝交。

张仪回到秦国之后，秦王就赶紧派使者前往齐国游说，秦齐的盟约暗暗缔结成功。果然不出陈轸所料，当楚国一名将军去秦国接收土地时，张仪竟然装病不上朝，楚怀王说："张仪以为寡人不愿诚心跟齐国断交吗？"于是楚怀王就派了一名勇士前去骂齐王，张仪在证实楚齐确实断交以后，才勉强出来接见楚国的使臣，说："敝国赠送贵国地土地，是这里到那里，方圆总共是六里。"楚国使者很惊讶的说："臣只听说是六百里，却没有听说是六里。"张仪赶紧郑重其事地巧辩说："我张仪在秦国只不过是一个微不足道的小官，怎么能有六百里呢？"

楚国使节回国报告楚怀王以后，怀王大怒，就准备发兵去攻打秦国。这时陈轸走到楚王面前表示："现在我可以说话了吗？"怀王说："可以了。"于是陈轸说："楚国发兵去攻打秦国，绝对不是一个好办法。大王实在不如趁此机会，送给秦一个大都市，跟秦连兵伐齐，如此或许可以把损失在秦国手里的再从齐国得回来，这不就等于楚国没有损失吗？大王既然已经跟齐国绝交，现在又去责备秦国的失信，岂不是等于在加强秦、齐两国的邦交吗？这样的话，楚国必受大害！"

楚怀王不听，于是发兵攻打秦国。秦、齐两国组成联合阵线，同时韩国也加入了他的军事同盟，结果楚军大败于杜陵。可见，楚国的土地并非不大，而人民也并非比其他诸侯软弱，但是之所以会弄得几乎要亡国的惨境，就是由于怀王没有采纳陈轸的忠实良言，而过于听信张仪诡诈游说的缘故。

五、医扁鹊见秦武王

【原文】

医扁鹊见秦武王，武王示之病，扁鹊请除。左右曰："君之病，在耳之前，目之下，除之未必已也，将使耳不聪，目不明。"君以告扁鹊。扁鹊怒而投其石："君与知之者谋之，而与不知者败之。使此知秦国之政也，而君一举而亡国矣。"

【译文】

医生扁鹊去见秦武王，武王把他的病情告诉了扁鹊，扁鹊建议及早医治。可是武王左右大臣说："大王的病在耳朵的前面，眼睛的下面，未必能治好，反而会使耳朵听不见，眼睛看不清。"武王把这话告诉了扁鹊。扁鹊听了很生气，把治病的砭石一丢，说："君王同懂医术的人商量治病，又同不懂医术的人一道讨论，干扰治疗。由此可知秦国的内政，大三随时都有亡国的危险。"

六、范雎至秦

【原文】

范雎至秦，王庭迎，谓范雎曰："寡人宜以身受令久矣。今者义渠之事急，寡人日自请太后。今义渠之事已，寡人乃得以身受命。躬窃闵然不敏。敬执宾主之礼。"范雎辞让。

是日见范雎，见者无不变色易容者。秦王屏左右，宫中虚无人，秦王跪而请曰："先生何以幸教寡人？"范雎曰："唯唯。"有间，秦王复请，范雎曰："唯唯。"若是者三。秦王跽曰："先生不幸教寡人乎？"

范雎谢曰："非敢然也。臣闻始时吕尚之遇文王也，身为渔父而钓于渭阳之滨耳。若是者，交疏也。已一说而立为太师，载与俱归者，其言深也。故文王果收功于吕尚，卒擅天下而身立为帝王。即使文王疏吕而弗与深言，是周无天子之德，而文、武无与成其王也。今臣，羁旅之臣也，交疏于王，而所愿陈者，皆匡君之事，处人骨肉之间，愿以陈臣之陋忠，而未知王心也，所以王三问而不对者是也。臣非有所畏而不敢言也，知今日言之于前，而明日伏诛于后，然臣弗敢畏也。大王信行臣之言，死不足以为臣患，亡不足以为臣忧，漆身而为厉，被发而为狂，不足以为臣耻。五帝之圣而死，三王之仁而死，五伯之贤而死，乌获之力而死，奔、育之勇焉而死。死者，人之所必不免也。处必然之势，可以少有补于秦，此臣之所大愿也。臣何患乎？伍子胥橐载而出昭关，夜行而昼伏，至于凌水，无以饵其口，坐行蒲服，乞食于吴市，卒兴吴国，阖庐为霸。使臣得进谋如伍子胥，加之以幽囚，终身不复见，是臣说之行也，臣何忧乎？箕子、接舆，漆身而为厉，被发而为狂，无益于殷、楚。使臣得同行于箕子、接舆，漆身可以补所贤之主。是臣之大荣也，臣又何耻乎？臣之所恐者，独恐臣死之后，天下见臣尽忠而身蹶也，是以杜口裹足，莫肯即秦耳。足下上畏太后之严，下惑奸臣之态；居深宫之中，不离保傅之手；终身暗惑，无与照奸；大者宗庙灭覆，小者身以孤危。此臣之所恐王！若夫穷辱之事，死亡之患，臣弗敢畏也。臣死而秦治，贤于生也。"

秦王跽曰："先生是何言也！夫秦国僻远，寡人愚不肖，先生乃幸至此，此天以寡人恩先生，而存先王之宗庙也。寡人得受命于先生，此天所此幸先王而不弃其孤也。先生奈何而言若此！事无大小，上及太后，下至大臣，愿先生悉以教寡人，无疑寡人也。"范雎再拜，秦王亦再拜。

范雎曰："大王之国，北有甘泉、谷口，南带泾、渭，右陇、蜀，左关、阪，战车千乘，奋击百万。以秦卒之勇，车骑之多，以当诸侯，譬若驰韩卢而逐蹇兔也，霸王之业可致。今反闭关而不敢窥兵于山东者，是穰侯为国谋不忠，而大王之计有所失也。"

王曰："愿闻所失计。"雎曰："大王越韩、魏而攻强齐，非计也。少出师，则不足以伤齐，多之则害于秦。臣意王之计欲少出师而悉韩、魏之兵，则不义矣。今见与国之不可亲，越人之国而攻，可乎？疏于计矣！昔者，齐人伐楚，战胜，破军杀将，再辟千里，肤寸之地无得者，岂齐不欲地哉？形弗能有也。诸侯见齐之罢露，君臣之不亲，举兵而伐之，主辱军破，为天下笑。所以然者，以其伐楚而肥韩、魏也。此所谓藉贼兵而赍盗食也。王不如远交而近攻，得寸则王之寸，得尺亦王之尺也。今舍此而远攻，不亦缪乎？且昔者，中山之地五百里，赵独擅之，功成、名立、利附，则天下莫能害。今韩、魏，中国之处，而天下之枢也。王若欲霸，必亲中国而以为天下枢，以威楚、赵。赵强则楚附，楚强则赵附。楚、赵附则齐必惧，惧必卑辞重币以事秦，齐附，而韩、魏可虚也。"

王曰："寡人欲亲魏，魏，多变之国也，寡人不能亲。请问亲魏奈何？"范雎曰："卑辞重币以事之。不可，削地而赂之。不可，举兵而伐之。"于是举兵而攻邢丘，邢丘拔而魏请附。

曰："秦、韩之地形，相错如绣。秦之有韩，若木之有蠹，人之病心腹。天下有变，为秦害者莫大于韩。王不如收韩。"王曰："寡人欲收韩，不听，为之奈何？"

范雎曰："举兵而攻荥阳，则成皋之路不通；北斩太行之道，则上党之兵不下；一举而攻荥阳，则其国断而为三。魏、韩见必亡，焉得不听？韩听而霸事可成也。"王曰："善。"

范雎曰："臣居山东，闻齐之内有田单，不闻其王。闻秦之有太后、穰侯、泾阳、华阳、高陵，不闻其有王。夫擅国之

谓王，能专利害之谓王，制杀生之威之谓王。今太后擅行不顾，穰侯出使不报，泾阳、华阳击断无讳，高陵进退不请。四贵备而国不危者，未之有也。为此四贵者，下乃所谓无王已！然则权焉得不倾，而令焉得从王出乎？臣闻："善为国者，内固其威，而外重其权。穰侯使者操王之重，决裂诸侯，剖符于天下，征敌伐国，莫敢不听。战胜攻取，则利归于陶，国弊，御于诸侯；战败，则怨结于百姓，而祸归社稷。《诗》曰："木实繁者披其枝，披其枝者伤其心。大其都者危其国，尊其臣者卑其主。'淖齿管齐之权，缩闵王之筋县之庙梁，宿昔而死；李兑用赵，减食主父，百日而饿死。今秦，太后、穰侯用事，高陵、泾阳佐之，卒无秦王，此亦淖齿、李兑之类已！臣今见王独立于庙朝矣，且臣将恐后世之有秦国者，非王之子孙也！"

秦王惧，于是乃废太后，逐穰侯，出高陵，走泾阳于关外。昭王谓范雎曰："昔者齐公得管仲，时以为'仲父'。今吾得子，亦以为叔父。"

47

【译文】

范雎来到秦宫，秦王亲自到大厅迎接。秦王对范雎说："我早就该亲自来接受您的教导，正碰上要处理义渠国的事务，每天又要亲自给太后问安；现在义渠的事已经处理完毕，我这才能够亲自接受您的教导了。我深深感到自己太不聪明。"于是秦王以宾主之仪接待了范雎，范雎也表示谦让。

这天接见范雎，看到的人没有脸色不变的。秦王把左右的人支使出去，宫中只剩下他们两人，秦王直起腰腿，跪身请求说："先生教我些什么呢？"范雎说："嗯嗯"。过了一会儿，秦王再次请求，范雎还是"嗯嗯"了两声。就这样一连三次。秦王又拜请说："先生硬是不肯赐教吗？"范雎便恭敬地解释说："不敢。我听说，当初吕尚与文王相遇的时候，他只是一个渔夫，在渭河钓鱼而已，那时，他们很陌生。此后，吕尚进一言，就被尊为太师，和文王同车回去，这是因为他们谈得很深。而文王终因吕尚取得天下，自己立为帝王。如果文王当时不与吕尚深谈，周朝就不可能有天子的圣德，而文王、武王也不可能成就帝王的事业。现在，我只是个旅居在秦国的宾客，与大王比较陌生，但想陈述的又是纠正君王政务的问题，而且还会关涉到君王的骨肉之亲。我本想尽我的愚忠，可又不知大王的心意如何，所以大王三次问我，我都没有回答。

"我并不是有什么畏惧而不敢进言。我知道，今天在大王面前说了，明天可能就会遭到杀身之祸。但是，我并不畏惧，大王真能按照我的计谋去做，我即使身死，也不会以为是祸患；即使流亡，也不会以此为忧虑；即使不得已漆身为癞，披发为狂，也不会以此为耻辱。五帝是天下的圣人，但终究要死；三王是天下的仁人，但终究要死；五霸是天下的贤人，但终究要死；乌获是天下的大力士，但终究要死；孟贲、夏育是天下的勇士，但终究要死。死，是人人不可避免的，这是自然界的必然规律。如果能够稍补益于秦国，这就是我最大的愿望，我还有什么可忧虑的呢？

"伍子胥当年是躲藏在口袋里逃出昭关的，他晚上出行，白天躲藏，到了凌水，吃不上饭饿着肚皮，双膝跪地，双手爬行，在吴市讨饭度日，但终于帮助阖庐复兴了吴国，使吴王阖庐建立了霸业。如果让我像伍子胥一样能呈献计谋，即使遭到囚禁，终身不再出狱，只要能实现我的计谋，我还有什么可忧虑的呢？当初殷韩的箕子，楚国的接舆，漆身为癞，披发为狂，却终究无益于殷、楚。如果使我与箕子、接舆有同样的遭遇，也漆身为癞，只要有益于圣明的君王，这就是我最大的光荣，我又有什么可感到耻辱的呢？

"我所担心的是，我死了以后，人们见到这样尽忠于大王的人，终究还是身死，因此人们都会闭口不言、裹足不前，不肯到秦国来。大王对上畏惧太后的威严，对下又迷惑于大臣的虚伪，住在深宫之中，不离宫中侍奉之人之手，终身迷惑糊涂，不能了解坏人坏事。这样，大而言之，则会使得国家遭受灭亡之祸，小而言之，则使得自己处于孤立危境。这就是我所担心害怕的。如果我死了，秦国却治理得很好，这比我活着要好得多。"

秦王跪身说："先生怎么说出这样的话呢？秦国是个偏僻边远的国家，我又是一个没有才能的愚人，先生能到卑国来，这是上天让我来烦扰先生，使得先王留下来的功业不至中断。我能接受先生的教导，这是上天要先生扶助先王，不抛弃我。先生怎么说出这样的话呢？今后事无大小，上至太后，下及大臣，所有一切，都希望先生一一给我教导，千万不要对我有什么疑惑。"范雎因而再次拜谢，秦王也再次回拜。

范雎说："大王的国家，北有甘泉、谷口，南绕泾水和渭水的广大地区，西南有陇山、蜀地，东面有函谷关、崤山；战车有千辆，精兵有百万。拿秦国兵卒的勇敢，车骑的众多，来抵挡诸侯国，就如猛犬追赶跛兔一般，轻易就可造成霸王的功业。如今反而闭锁函谷关门，兵卒不敢向山以东诸侯窥视一下，这是秦国穰侯魏冉为秦国谋划不忠实，导致大王的决策失误啊！"

秦王说："说说失误之处。"

范雎说："大王越过韩、魏的国土去进攻强齐，这不是好的计谋。出兵少了，并不能够损伤齐国；多了，则对秦国有害。臣揣摩大王的计谋，是想本国少出兵，而让韩、魏全部出兵，这就不相宜了。如今明知盟国不可以信任，却越过他们的国土去作战，这可以吗？显然是疏于算计了！从前，齐国攻打楚国，打了大胜仗，打败了楚国的军队，擒杀了他们的将帅，两次拓地千里，但到最后连寸土也没得到，这难道是齐国不想得到土地吗？疆界形势不允许他占有啊！诸侯见齐国士卒疲敝君臣不和睦，起兵来攻打他，齐缗王出走，军队被打败，遭到天下人的耻笑。落得如此下场，就因为齐伐楚而使韩、魏获得土地壮大起来的缘故。这就是所说的借给强盗兵器而资助小偷粮食啊！

大王不如采取交接远国而攻击近国的策略，得到寸土是王的寸土，得到尺地是王的尺地。如今舍近而攻远，这不是个错误吗？从前，中山国的土地，方圆有500里，赵国单独把它吞并，功业也成就了，声名也树立了，财利也获得了，天下也没能把赵国怎么样。如今韩、魏的形势，居各诸侯国的中央，是天下的枢纽。大王如果想要成就霸业，一定先要亲近居中的国家而用他做天下的枢纽，来威胁楚国和赵国。赵国强盛，那么楚就要附秦；楚国强盛，那么赵就要附秦。楚、赵都来附秦，齐国一定恐慌，齐国恐慌肯定会卑下言辞，加重财礼来服侍秦国。如果齐国归附，那么韩、魏就有虚可乘了。"

秦王说："寡人本想亲睦魏国，但魏的态度变幻莫测，寡人无法亲善他。请问怎么办才能亲魏呢？"范雎说："用卑下的言辞，加重财礼来服侍他。这样不行，就割地贿赂他，这样还不行，就起兵来攻伐他。"于是秦国起兵来攻打邢丘（魏地），邢丘被攻陷，魏国果然来请求归附。

范雎说："秦、韩两国的地形，相交纵如锦绣。秦旁有韩存在，就像树木有虫，人有心腹之疾一样。天下一朝有变，危害秦国的，没有比韩国再大的。王不如使韩归附于秦。"秦王说："寡人打算使韩来附，韩不听从，可怎么办呢？"范雎说："起兵攻打荥阳，那么成皋的道路就不通了；北部截断太行的道路，那么上党的兵也就不能南下了；一举而拿下荥阳，那么韩国将分成孤立的三块（谓新郑、成皋、泽潞）。韩国看到自身将要覆亡，怎么能够不听从呢？韩国一顺从，那么霸业就可以成功了。"秦王说："好！"

范雎说："臣在山东时，听说齐有相国田单，不曾听说过有齐王；只听说秦国有太后、穰侯、泾阳君、华阳君、高陵君，而没听说有秦王。能手握国政、独断专谋、操生杀大权的，方称得上国君。但如今宣太后专行无忌，穰侯遣使臣不上报，泾阳、华阳只按自己心意判决事务，高陵出入不奏报君。国家有这四个显贵操纵朝政，不出危险，是不可能的。文武诸臣都屈从于这四人，心中哪里还有大王！如此下去，大权旁落，政令又怎能出自大王之手？臣听说善于治国的君主，一方面在国内加强权威，一方面亲自执掌外交政策。穰侯派出的使者操纵王权，任意和诸侯结盟或断交，擅自对外用兵，征伐敌国，朝野上下，莫敢不从。于是，打了胜仗，战果全归穰侯他们所有，以致国家困弱，受制于诸侯；一旦失利，则令百姓怨声载道，祸害由国家承受。《诗经》上说：'果子多会压损枝条，树枝折了会伤及根本；扩大封君城邑会危及到国家安全，过分尊宠大臣会削弱君王权威。'淖齿控制齐政，到头来将闵王吊在庙堂大梁上面，使闵王一夜之间横遭惨死。李兑执掌赵国，围困赵武灵王，只一百天功夫，便将他活活饿死。当今秦国，太后、穰侯呼风唤雨，高陵、泾阳推波助澜，没有臣民知道上有大王。这些都是淖齿、李兑一类的人。臣可幸今日尚能看见大王孤立于朝堂，真担心将来秦国主持国政的君王，不再是大王的子孙！"

秦昭王不寒而栗，便废太后，逐穰侯，将高陵、泾阳赶出函谷关。他对范雎说："当年齐桓公得到管仲，把他称为'仲父'，寡人今日得到先生，先生也是寡人的'仲父'啊！"

七、蔡泽见逐于赵

【原文】

蔡泽见逐于赵，而入韩、魏，遇夺釜鬲于涂。闻应侯任郑安平、王稽，皆负重罪，应侯内惭，乃西入秦。将见昭王，使人宣言以感怒应侯曰："燕客蔡泽，天下骏雄弘辩之士也。彼一见秦王，秦王必相之而夺君位。"

应侯闻之，使人召蔡泽。蔡泽入，则揖应侯，应侯固不快；及见之，又倨。应侯因让之曰："子常宣言代我相秦，岂有此乎？"对曰："然。"应侯曰："请闻其说。"蔡泽曰："吁！何君见之晚也。夫四时之序，成功者去。夫人生手足坚强，耳目聪明，而心圣知，岂非士之所愿与？"应侯曰："然。"蔡泽曰："质仁秉义，行道施德于天下，天下怀乐敬爱，愿以为君王，岂不辩智之期与？"应侯曰："然。"蔡泽复曰："富贵显荣，成理万物，万物各得其所；生命寿长，终其年而不夭伤；天下继其统，守其业，传之无穷，名实纯粹，泽流千世，称之而毋绝，与天下终。岂非道之福，而圣人所谓吉祥善事与？"应侯曰："然。"蔡泽曰："若秦之商君，楚之吴起，越之大夫种，

其卒亦可愿矣。"

应侯知蔡泽之欲困己以说，复曰："何为不可？夫公孙鞅事孝公，极身毋二，尽公不还私，信赏罚以致治，竭智能，示请素，蒙怨咎，欺旧交，虏魏公子，卒为秦禽将，破敌军，攘地千里。吴起事悼王，使死不害公，谗不蔽忠，言不取苟合，行不取苟容，行义不图毁誉，必有伯主强国，不辞祸凶。大夫种事越王，主离困辱，悉忠而不解，主虽亡绝，尽能而不离，多功而不矜，贵富不骄怠。若此三子者，义之至，忠之节也。故君子杀身以成名，义之所在。身虽死，无憾悔，何为不可哉？"

蔡泽曰："主圣臣贤，天下之福也；君明臣忠，国之福也；父慈子孝，夫信妇贞，家之福也。故比干忠不能存殷，子胥知不能存吴，申生孝而晋惑乱。是有忠臣孝子，国家灭乱，何也？无明君贤父以听之。故天下以其君父为戮辱，怜其臣子。夫待死之后可以立忠成名，是微子不足仁，孔子不足圣，管仲不足大也。"于是应侯称善。

蔡泽得少间，因曰："商君、吴起、大夫种，其为人臣，尽忠致功，则可愿矣。闳夭事文王，周公辅成王也，岂不亦忠乎？以君臣论之，商君、吴起、大夫种，其可愿孰与闳夭、周公哉？"应侯曰："商君、吴起、大夫种不若也。"蔡泽曰："然则君之主，慈仁任忠，不欺旧故，孰与秦孝公、楚悼王、越王乎？"应侯曰："未知何如也。"蔡泽曰："今主固亲忠臣，不过秦孝、越王、楚悼。君者为主，正乱、披患、折难，广地、殖谷，富国、足家、强主，威盖海内，功章万里之外，不过商君、吴起、大夫种。而君之禄位贵盛，私家之富过于三子，而身不退，窃为君危之。语曰：'日中则移，月满则亏。'物盛则衰，天之常数也；进退、盈缩、变化，圣人之常道也。昔者，齐桓公九合诸侯，一匡天下，至葵丘之会，有骄矜之色，畔者九国。吴王夫差无敌于天下，轻诸侯，凌齐、晋，遂以杀身亡国。夏育、太史启叱呼骇三军，然而身死于庸夫。此皆乘至盛不及道理也。夫商君为孝公平权衡、正度量、调轻重，决裂阡陌，民年耕战，是以兵动而地广，兵休而国富，故秦无敌于天下，立威诸侯。功已成，遂以车裂。楚地方千里，带甲百万，白起率数万之师，以与楚战，一战举鄢、郢，再战烧夷陵，南并蜀、汉，又越韩、魏攻强赵，北坑马服，诛屠四十余万之众，流血成川，沸声若雷，使秦业帝。自是之后，赵、楚慴服，四十余年不敢攻秦者，白起之势也。身所服者，七十余城。功已成矣，赐死于杜邮。吴起为楚悼罢无能，废无用，损不急之官。塞私门之请，壹楚国之俗，南攻杨越，北并陈、蔡，破横散从，使驰说之士无所开其口。功已成矣，卒支解。大夫种为越王垦草耕邑，辟地殖谷，率四方之士，专上下之力，以禽劲吴，成霸功。勾践终背而杀之。此四子者，成功而不去，祸至于此。此所谓信而不能诎，往而不能反者也。范蠡知之，超然避世，长为陶朱公。君独不观博者乎？或欲大投，或欲分功。此皆君之所明知也。今君相秦，计不下席，谋不出廊庙，坐制诸侯，利施三川，以实宜阳，决羊肠之险，塞太行之口，又斩范、中行之途，栈道千里于蜀、汉，使天下皆畏秦。秦之欲得矣，君之功极矣。此亦秦之分功之时也！如是不退，则商君、白公、吴起、大夫种是也。君何不以此时归相印，让贤者授之，必有伯夷之廉；长为应侯，世世称孤，而有乔、松之寿。孰与以祸终哉！此则君何居焉？"
应侯曰："善。"乃延入坐为上客。

后数日，入朝，言于秦昭王曰："客新有从山东来者蔡泽，
其人辩士。臣之见人甚众，莫有及者，臣不如也。"秦昭王召见，
与语，大说之，拜为客卿。应侯因谢病，请归相印。昭王强起
应侯，应侯遂称笃，因免相。昭王新说蔡泽计画，遂拜为秦相，
东收周室。蔡泽相秦王数月，人或恶之，惧诛，乃谢病归相印，
号为刚成君。居秦十余年，昭王、孝文王、庄襄王。卒事始皇帝。
为秦使于燕，三年而燕使太子丹入质于秦。

【译文】

蔡泽被赵国驱逐，逃亡到韩、魏，途中又被人抢走炊具。
听说秦相应侯范雎任用郑安平、王稽，可是后来两人都犯下了
重罪，范雎内心惭愧不已。蔡泽便西行入秦，去拜见秦昭王，
事先故意发出豪语，以激怒范雎，说："燕国大纵横家蔡泽，
乃是天下雄辩豪杰之士。只要他一见到秦王，秦王必定任命他
为相国，替代范雎的地位。"

范雎听说之后，就派人找来蔡泽，蔡泽见范雎，并未行礼
只是拱了拱手，范雎很不高兴。谈吐之间蔡泽更是倨傲无礼，
此事更是火上添油，于是范雎责问他说："你曾扬言，将取代
我的秦国相国职位，有没有这回事呢？"蔡泽回答说："有。"
范雎说："那我倒愿意听听是什么道理？"蔡泽说："唉，阁
下为什么这样见识迟钝呢！即使是四季的转移，也是本着'功
成身退'的自然法则。一个人活在世界上，手脚都很健康，耳

朵也很灵敏，眼睛也很明亮，内心像圣人一样贤智，这不是每个人殷切期望吗？"范雎说："是的。"蔡泽说："以仁为礼，以义为则，施恩德于天下，天下人都会由于感恩而崇拜他，并且都希望拥护他为君王，这不也都是雄辩家殷切期望的吗？"范雎说："是的。"

蔡泽又说："既富且贵，善治万事，使每个人都能享尽天年，每个人都不致夭折。天下人民都能继承他们的传统，维护他们的业绩，传给无穷的后代，名实兼而有之，恩泽流传万年，受人永远赞美，和天地同其始终，虽说这不是施仁义的结果，不也是圣人所说的吉祥善事吗？"范雎说："是的。"蔡泽说："例如秦国的商鞅、楚国的吴起、越国的文种，他们最后都完成了愿望了吗？"

范雎知道蔡泽是为了要使自己陷于窘境，于是就这一点回答说："为什么不可以？说起商鞅臣事秦孝公，终身尽忠，绝无二心，公而忘私，赏罚分明，秦国大治，竭尽智能，表露赤心，然而却招致秦国人的怨恨和责怪，他为秦国而欺骗老朋友，俘虏魏公子卬，最后终于为秦国擒获魏将而大破魏军，扩充疆土达千里之多。吴起臣事楚悼王，绝对不以私损公，更不用谗言来隐蔽忠节，每当遇到应行的大事，就不顾毁誉，一心想要使君王成就霸业，国家富强，而且不畏一切灾祸和邪恶势力。大夫文种，臣事越王勾践，当君主陷于困辱惨境时，他忠心爱主而不懈怠，君王虽然被敌人俘虏，仍然竭诚尽智没有背弃国家，而且不夸耀自己的功劳，即使富贵也不骄傲。像以上这三位忠臣，可以说是义行极致和忠贞的典范。所以君子总是牺牲性命来完成名节，只要是大义所在，虽然牺牲生命也无所懊悔，为什么不可以呢？"

蔡泽说："君主圣明，臣子忠心这是家之福。父亲慈爱，儿子孝顺，丈夫讲信义，妻子有贞节，这是国家之福。然而比干忠君爱国，却不能维护殷朝的存在，伍子胥虽然贤能，却不能使吴国保存不灭，申生虽然孝顺，而晋国仍然不能避免内乱。虽然有忠臣孝子，国家仍然不免灭亡骚乱，这是什么道理呢？主要是没有明君、贤父来采纳的缘故。所以天下因为父不仁不义而蒙羞，臣子也因此而难免受其害。假如一定等到死才能尽忠成名，恐怕就连微子也不足成为仁人，孔子也不足成为圣人，管仲也不足以成为伟人。"这时范雎认为蔡泽的话很对。

蔡泽略为停一会接着说："商鞅、吴起、文种，他们为人臣能够尽忠立功，这都是出于他们的心愿。闳夭臣事周文王，周公辅佐周成王，难道不是尽忠吗？然而就君臣而论，商鞅和吴起、文种等人，当然还不如闳夭、周公。"蔡泽说："然而阁下服务的君主与秦孝公、楚悼王、越王勾践相比，究竟谁更慈爱而又信任忠臣、不欺凌故旧呢？"范雎说："不知道。"

蔡泽说："当然，阁下的君主并不像秦孝公、越王勾践、楚悼王那样亲信忠臣。而阁下侍奉君主，在平定内乱、消除祸患、排除困难、扩充疆土、发展农业、振兴国家、强化君主等方面，威权压倒全国，功业扬名万里之外，并没有超过商鞅、吴起、文种三位名臣。但是阁下的地位和俸禄，以及家中的财富都已经超过他们三人，然而阁下还是不隐退，我深为阁下担忧。古谚说得对：'太阳升到正午时就开始落，月亮圆到满盈时就开

58

始亏。'万物都是盛极而衰，这乃是自然规律。不论是进还是退，不论是伸还是缩，都随着时间变化，这乃是圣人所认定的常理。

古时齐桓公九次会盟诸侯，使支离破碎的天下得到匡正，到了葵丘之会，桓公就显出了骄纵之色，因此就有九个国家背叛他。吴王夫差，自认为天下无敌，因此就轻视诸侯，欺凌齐、晋两国，到后来国破人亡。夏育、太史启等人，一声叱咤能使三军震撼，然而他们本人却死于普通人之手。这都是仗恃威权而不深思事物道理的缘故。

商鞅为秦孝公制度量衡、改革货币，废除井田、重划土地，教民努力耕种和作战，因此大军一出发就拓展疆土，军队凯旋而归使国家富强，所以秦兵无敌于天下，在诸侯之间建立了威权。可是成功之后，竟惨遭五马分尸之刑。楚国拥有土地千里，雄兵百万，然而秦将白起仅仅率领几万秦兵，一战便攻陷楚都鄢和郢，再战而焚烧夷陵，往南吞并蜀、汉，此外又越过韩、魏攻打强赵，在北方屠杀马服君及四十多万兵卒，血流成河，凄惨哀嚎之声震撼天地，为建立秦国的霸业立下了汗马功劳。从此以后，赵、楚两国衰弱下去，四十多年不敢抗拒秦兵，这都是仰仗白起攻下的城池有 70 多座，他虽然为秦国建立了丰伟战功，可是他却在杜邮被秦王赐死。吴起为楚悼王改革弊政罢免无能的朝臣，撤销无用的机构，废除多余的官吏，杜绝请客说情的风气，改良楚国的风俗，往南攻打杨越，往北攻打陈、蔡，摧毁连横政策，解散合纵之约，游说之士没有开口余地，算得上是成功了，可怜最后他本人却死于楚人的乱箭之中，然后再把他分尸泄愤。越大夫文种，为越王勾践开疆拓土，发展

59

农业，率领四方军队和全国上下的人民，击败吴国生擒吴王夫
差，完成了越国霸王功业，可是到头来勾践却把他杀了。这四
位贤臣，都是因为功成而不退，才为自己招来杀身之祸，这就
是所谓'伸而不能屈，往而不能返'。只有范蠡深知明哲保身
之理，于是就以超然的姿态功成身退，远离人间的是非，驾轻
舟渡海遁世，隐姓埋名经商，而成为巨富陶朱公。

　　难道阁下没有看过赌博的人吗？有时想孤注一掷，有时想
步步取胜，相信阁下是最清楚的。如今阁下当了秦国相国，为
了谋划国家大事而终日忙碌，为了制定策略而不走出朝廷，坐
在朝中控制诸侯，威仪施行于三川，借以充实宜阳，打开羊肠
之险，封闭太行要塞，切断三晋的道路，修栈道千里通往蜀汉
之地，使天下诸侯都畏惧秦国，秦王的欲望得到了满足，您的
功勋已无可复加，正是分功之时，此刻如果不知及时隐退，商鞅、
吴起、文种之祸不远了！您为何不在此时纳还相印，虚相国之
位以待贤人？这样既可博取伯夷一样的美名，又可长享富贵，
世代称孤，更能和仙人王子乔、赤松子一般长寿。这些与日后

身遭惨祸，自是天壤之
别，您选哪条路呢？"
范雎说："对。"于是
请蔡泽入座，待以上宾
之礼。

　　过了几天，范雎入
朝拜见昭王，对他说：
"有位新从山东来的客

人蔡泽，其人雄辩，臣阅人无数，更无人与之相比，臣自愧不如。"于是昭王召见蔡泽，相与言语，昭王十分赞赏，拜为客卿。范雎这时自思后路，便称病不朝，并且借病辞官。昭王一再不准，范雎便推言病重。昭王无奈只得允准。昭王对蔡泽的计谋十分欣赏，任命他为相。蔡泽助秦昭王吞并了东周国。

蔡泽出任相国没几个月，便有人恶意诽谤他，由于恐招致杀身之祸，便称病辞官，得封为刚成君。他在秦十多年，历事昭王、孝文王、庄襄王，最后任职于秦始皇旦朝，曾出使燕国，三年之后令太子丹到秦做人质。

八、濮阳人吕不韦贾于邯郸

【原文】

濮阳人吕不韦贾于邯郸，见秦质子异人，归而谓其父曰："耕田之利几倍？"曰："十倍。""珠玉之赢几倍？"曰："百倍。""立国家之主赢几倍？"曰："无数。"曰："今力田疾作，不得暖衣余食；今建国立君，泽可以遗世。愿往事之。"

秦子异人质于赵，处于聊城。故往说之曰："子傒有承国之业，又有母在中。今子无母于中，外托于不可知之国，一日倍约，身为粪土。今子听吾计事，求归，可以有秦国。吾为子使秦，必来请子。"

乃说秦王后弟阳泉君曰："君之罪至死，君知之乎？君之门下无不居高尊位，太子门下无贵者。君之府藏珍珠宝玉，君之骏马盈外厩，美女充后庭。王之春秋高，一日山陵崩，太子用事，君危于累卵，而不寿于朝生。说有可以一切而使君富贵千万岁，其宁于太山四维，必无危亡之患矣。"阳泉君避席，请闻其说。不韦曰："王年高矣，王后无子，子傒有承国之业，士仓又辅之。王一日山陵崩，子傒立，士仓用事，王后之门，必生蓬蒿。子异人贤材也，弃在于赵，无母于内，引领西望，而愿一得归。王后诚请而立之，是子异人无国而有国，王后无子而有子也。"阳泉君曰："然。"入说王后，王后乃请赵而归之。

赵未之遣，不韦说赵曰："子异人，秦之宠子也，无母于中，王后欲取而子之。使秦而欲屠赵，不顾一子以留计，是抱空质也。若使子异人归而得立，赵厚送遣之，是不敢倍德畔施，是自为德讲。秦王老矣，一日晏驾，虽有子异人，不足以结秦。"赵乃遣之。

异人至，不韦使楚服而见。王后悦其状，高其知，曰："吾楚人也。"而自子之，乃变其名曰"楚"。王使子诵，子曰："少弃捐在外，尝无师傅所教学，不习于诵。"王罢之。乃留止。间曰："陛下尝轫车于赵矣，赵之豪桀，得知名者不少。今大王反国，皆西面而望。大王无一介之使以存之，臣恐其皆有怨心。使边境早闭晚开。"王以为然，奇其计。王后劝立之。王乃召相，令之曰："寡人子莫若楚。"立以为太子。

子楚立，以不韦为相，号曰文信侯，食蓝田十二县。王后为华阳太后，诸侯皆致秦邑。

【译文】

濮阳人吕不韦到邯郸经商，见到秦国入赵为质的公子异人，回家便问父亲："耕田获利几倍？"其父亲回答说："十倍吧。"他又问："珠宝买卖赢利几倍？"答道："一百倍吧。"他又问："如果拥立一位君主呢？"他父亲说："无数倍。"吕不韦说：

"如今即便我艰苦工作，仍然不能衣食无忧，而拥君立国则可泽被后世。我决定去做这笔买卖。"

秦公子异人这时正在赵国为质，住在郲城，吕不韦前往拜谒说："公子子傒有继承王位的资格，其母又在宫中。如今公子您既没有母亲在宫内照应，自身又处于祸福难测的敌国，一旦秦赵开战，公子您的性命将难以保全。现在听我的，想法回国，能夺得秦国大权。我先替公子到秦国跑一趟，必定接您回国。"

于是，吕不韦前去游说秦孝文王王后华阳夫人的弟弟阳泉君说："阁下可知？阁下罪已至死！您门下的宾客无不位高势尊，相反太子门下无一显贵。而且阁下府中珍宝、骏马、佳丽多不可数，老实说，这可不是什么好事。如今大王年事已高，一旦驾崩，太子执政，阁下则危如累卵，生死在旦夕之间。小人倒有条权宜之计，可令阁下富贵万年且稳如泰山，绝无后顾之忧。"阳泉君赶忙让座施礼，恭敬地请教。吕不韦献策说："大王年事已高，华阳夫人却无子嗣，有资格继承王位的子傒继位后一定重用秦臣士仓，到那时王后的门庭冷落。现在在赵国为质的公子异人才德兼备，可惜没有母亲在宫中庇护，每每翘首西望家邦，极想回到秦国。王后倘若真能立异人为太子，这样一来，异人本无国而得到了秦国，华阳夫人没有儿子却得到了异人做儿子。"阳泉君说："对，有道理！"便进宫说服王后，王后便要求赵国将公子异人遣返秦国。

赵国不肯放行。吕不韦就去游说赵王："公子异人是秦王宠爱的儿子，只是失去了母亲照顾，现在华阳王后想让他作儿子。大王试想，假如秦国真的要攻打赵国，也不会因为一个王子的缘故而耽误灭赵大计，赵国不是空有人质了吗？但如果让其回国继位为王，赵国以厚礼好生相送，公子是不会忘记大王的恩义的，这是以礼相交的做法。如今孝文王已经老迈，一旦死去，赵国即使有异人为质，也没有资格与秦相国亲近了。"于是，赵王就将异人送回秦国。

公子异人回国后，吕不韦让他身着楚服晋见原是楚国人的华阳夫人。华阳夫人对他的打扮十分高兴，认为他很有心计，并特地亲近说："我是楚国人。"于是公子异人把自己当做华阳夫人的儿子，并改名为"楚"。秦王令异人试诵诗书。异人推辞说："从小在国外，没有师傅教导传习，不会背诵。"秦王也就罢了，让他留宿宫中。一次，异人乘秦王空闲时，进言道："陛下也曾羁留赵国，赵国豪杰之士知道陛下大名的不在少数。如今陛下返秦为君，他们都惦念着您，可是陛下却连一个使臣未曾遣派去抚慰他们。孩儿担心他们会心生怨恨之心。希望大王将边境城门迟开而早闭，防患于未然。"秦王觉得他说话极有道理，为他的奇谋感到惊讶。华阳夫人乘机劝秦王立之为太子。秦王召来丞相，下令说："寡人的儿子数子楚最能干。"于是立异人为太子。

公子楚做了秦王以后，任吕不韦为相，封他为文信侯，将蓝田十二县作为他的食邑。而王后称华阳太后，诸侯们闻讯给秦国进献土地。

第四卷

齐策

一、邹忌修八尺有余

【原文】

邹忌修八尺有余，而形貌昳丽。朝服衣冠，窥镜，谓其妻曰："我孰与城北徐公美？"其妻曰："君美甚，徐公何能及君也！"城北徐公，齐国之美丽者也。忌不自信，而复问其妾曰："吾孰与徐公美？"妾曰："徐公何能及君也！"旦日，客从外来，与坐谈，问之客曰："吾与徐公孰美？"客曰："徐公不若君之美也。"

明日，徐公来。孰视之，自以为不如；窥镜而自视，又弗如远甚。暮，寝而思之曰："吾妻之美我者，私我也；妾之美我者，畏我也；客之美我者，欲有求于我也。"

于是入朝见威王曰："臣诚知不如徐公美，臣之妻私臣，臣之妾畏臣，臣之客欲有求于臣。皆以美于徐公。今齐地方千里，百二十城，宫妇左右，莫不私王；朝廷之臣，莫不畏王；四境之内，莫不有求于王。由此观之，王之蔽甚矣！"王曰："善。"乃下令："群臣吏民，能面刺寡人之过者，受上赏；上书谏寡人者，受中赏；能谤议于市朝，闻寡人之耳者，受下赏。"

68

令初下，群臣进谏，门庭若市。数月之后，时时而间进。期年之后，虽欲言，无可进者。燕、赵、韩、魏闻之，皆朝于齐。此所谓战胜于朝廷。

【译文】

邹忌身高八尺多，容貌俊美。一天早晨，他穿好衣服，看着镜子，问他的妻子："你看我跟城北的徐公比，哪个更俊美？"他妻子说："您俊美得很，徐公怎么能赶得上您呢？"城北的徐公，是齐国出名的美男子，邹忌不大自信，又去问他的妾："我和徐公哪个更俊美？"妾说："徐公哪里比得上您呢？"第二天，有位客人来家中拜访，邹忌跟他坐着闲谈，又问："我和徐公哪个更俊美？"客人说："徐公比不上您。"

又过了一天，徐公来到邹忌家，邹忌细细打量他，自以为不及徐公美，拿起镜子来仔细端详，更觉得远不如人。晚上他躺在床上细细思量，领悟到："我的妻子说我俊美，是因为偏爱我；妾说我俊美，是因为畏惧我；客人说我俊美，是因为有求于我啊！"

于是邹忌入朝见齐威王，对他说："臣确实知道比不上徐公俊美，可是臣的妻子偏爱臣，侍妾害怕臣，客人有求于臣，都说臣比徐公俊美。如今齐地纵横千里，有一百二十个

城邑，宫中妃嫔、左右近臣，没有不偏私于大王的，朝中大臣没有不畏惧大王的，齐国上下没有不求于大王的，可见，大王实在被蒙蔽得厉害！"齐威王说："对。"于是发出诏令："凡官民人等，能当面指出寡人过失的，受上赏；能上书劝谏寡人的，受中赏；能在大庭广众之下批评朝政，只要为寡人听到，受下赏。"

诏令刚刚颁布时，大臣们都来进谏，朝堂门庭若市。过了几个月，时不时还有谏言上奏。一年之后，人们即使想进言，也没什么可说的了。燕、赵、韩、魏四国听到这件事，都来齐国朝见，这就是所谓的"战胜于朝廷"！

二、齐人有冯谖者

【原文】

　　齐人有冯谖者，贫乏不能自存，使人属孟尝君，愿寄食门下。孟尝君曰："客何好？"曰："客无好也。"曰："客何能？"曰："客无能也。"孟尝君笑而受之曰："诺。"左右以君贱之也，食以草具。

　　居有顷，倚柱弹其剑，歌曰："长铗归来乎！食无鱼。"左右以告。孟尝君曰："食之，比门下之客。"居有顷，复弹其铗，歌曰："长铗归来乎！出无车。"左右皆笑之，以告。孟尝君曰："为之驾，比门下之车客。"于是乘其车，揭其剑，过其友，曰："孟尝君客我。"后有顷，复弹其剑铗，歌曰："长铗归来乎！无以为家。"左右皆恶之，以为贪而不知足。孟尝君问："冯公有亲乎？"对曰："有老母。"孟尝君使人给其食用，无使乏。于是冯谖不复歌。

　　后孟尝君出记，问门下诸客："谁习计会，能为文收责于薛者乎？"冯谖署曰："能。"孟尝君怪之，曰："此谁也？"左右曰："乃歌夫'长铗归来'者也。"孟尝君笑曰："客果有能也，吾负之，未尝见也。"请而见之谢曰："文倦于事，愦于忧，而性惼愚，沉于国家之事，开罪于先生。先生不羞，乃有意欲为收责于薛乎？"冯谖曰："愿之。"于是约车治装，载券契而行，辞曰："责毕收，以何市而反？"孟尝君曰："视吾家所寡有者。"驱而之薛，使吏召诸民当偿者，悉来合券。券遍合，起，矫命以责赐诸民，因烧其券，民称万岁。

长驱到齐，晨而求见。孟尝君怪其疾也，衣冠而见之，曰："责毕收乎？来何疾也！"曰："收毕矣。""以何市而反？"冯谖曰："君云'视吾家所寡有者，'臣窃计，君宫中积珍宝，狗马实外厩，美人充下陈。君家所寡有者，以义耳！窃以为君市义。"孟尝君曰："市义奈何？"曰："今君有区区之薛，不拊爱子其民，因而贾利之。臣窃矫君命，以责赐诸民，因烧其券，民称万岁。乃臣所以为君市义也。"孟尝君不说，曰："诺，先生休矣！"

后期年，有毁孟尝君于闵王，齐王谓孟尝君曰："寡人不敢以先王之臣为臣。"孟尝君就国于薛，未至百里，民扶老携幼，迎君道中。孟尝君顾谓冯谖："先生所为文市义者，乃今日见之。"冯谖曰："狡兔有三窟，仅得免其死耳。今君有一窟，未得高枕而卧也。请为君复凿二窟。"孟尝君予车五十乘，金五百斤，西游于梁，谓惠王曰："齐放其大臣孟尝君于诸侯，诸侯先迎之者，富而兵强。"于是，梁王虚上位，以故相为上将军，遣使者，黄金千斤，车百乘，往聘孟尝君。冯谖先驱，诚孟尝君曰："千金，重币也；百乘，显使也。齐其闻之矣。"梁使三反，孟尝君固辞不往也。

齐王闻之，君臣恐惧，遣太傅赍黄金千斤，文车二驷，服剑，封书谢孟尝君曰："寡人不祥，被于宗庙之祟，沉于谄谀之臣，开罪于君，寡人不足为也。愿君顾先王之宗庙，姑反国统万人乎？"冯谖诫孟尝君曰："愿请先王之祭器，立宗庙于薛。"庙成，还报孟尝君曰："三窟已就，君姑高枕为乐矣。"

孟尝君为相数十年，无纤介之祸者，冯谖之计也。

【译文】

齐国有个名叫冯谖的人，家境贫困，难以养活自己，托人请求孟尝君，想寄食门下。孟尝君问："客人有什么爱好吗？"那人说："没有。"孟尝君又问："客人有什么特长吗？"那人说："也没有。"孟尝君笑了笑说："好吧。"孟尝君身边的人因为主人不太在意冯谖，就拿粗茶淡饭给他吃。住了不久，冯谖就背靠柱子，弹剑而歌："长剑呀，咱们回去吧，吃饭没有鱼。"左右把这件事告诉孟尝君。孟尝君吩咐说："给他一般门客待遇，让他吃鱼吧。"住了不久，冯谖又弹着他的剑，唱道："长剑呀，我们还是回去吧，出门没有车坐。"左右的人都取笑他，并把这件事告诉孟尝君。孟尝君说："替他配上车，按照车客的待遇。"于是冯谖驾车带剑，向他们的朋友夸耀："孟尝君尊我为上客。"这样过了一段日子，冯谖又弹而歌道："长剑呀，咱们回去吧，无以养家。"左右的人都厌恶他，认为他贪得无厌。孟尝君问道："冯先生有父母吗？"左右答道："有个老母。"孟尝君资其家用，不使他母亲穷困，而冯谖从此不再唱歌了。

后来有一回，孟尝君出了一张告示，问门下食客："请问哪一位通晓会计，能替我到薛地收债呢？"冯谖署上名字说："我能。"孟尝君看了很诧异，问左右随从："这是谁呀？"人们答道："就是那个唱'长剑呀，我们回去吧'的人。"孟尝君笑道："他果然有才能，我真对不起他，还未曾见过面呢。"于是请他来相见，道歉说："我田文每日为琐事所烦，心身俱累，被忧愁弄得神昏意乱，而且生来懦弱笨拙，只因政务缠身，而怠慢了先生。好在先生不怪我，先生愿意替我到薛地收债吗？"冯谖说："愿效微劳。"于是孟尝君替他备好车马行装，让他载着债券契约出发。辞别时，冯谖问："收完债后，买些什么回来？"孟尝君回答："先生看着办，买点我家缺少的东西吧。"

冯谖赶着马车到薛地，派官吏把该还债的百姓都叫来核对债券，全部核对之后，冯谖站了起来，假托孟尝君的名义将债款赏给这些百姓，并烧掉了券契文书，百姓感激得欢呼万岁。

冯谖又马不停蹄地返回齐国都城临淄，一大早求见孟尝君，孟尝君很奇怪他回来得这么快，穿好衣服接见他说："收完债了吗？这么快就回来了？"冯谖答道："都收完了。""先生替我买了些什么回来？"冯谖说："您曾说'买些家中缺乏的东西'，臣暗想，殿下宫中珠宝堆积，犬马满厩，美女成行。殿下家中所缺少的，唯有仁义了，因此臣自作主张为殿下买了仁义回来。"孟尝君说："怎么买仁义的？"冯谖答道："殿下封地只有小小薛地，不但不好好体恤薛地子民，反而像商人一样在他们身上榨取利益。臣为君计，私自假传殿下的命令，将所有的债款都赐给他们，并焚毁债券，百姓莫不欢呼万岁，这就是臣替殿下买的仁义呀！"孟尝君不高兴，说："我知道了，先生退下休息吧。"

一年以后，有人在齐闵王面前说孟尝君的坏话。齐王对孟尝君说："寡人不敢用先王的旧臣为臣。"孟尝君回到封地薛，还差百里未到，当地百姓扶老携幼，在路旁迎接孟尝君。孟尝君回头对冯谖说："先生为我买的'义'，今天方才看到。"冯谖对孟尝君接着进言说："狡兔三窟，才可得以免死。如今殿下只有一洞穴，尚未能得以高枕无忧，臣愿替殿下再凿两窟。"孟尝君便给他五十辆车，五百斤金去游说魏国。冯谖西入大梁，对魏惠王说："齐国放逐了大臣孟尝君，诸侯谁先得到他，谁就能富国强兵。"于是魏王空出相位，让原来的相国做上将军，派出使节，以千斤黄金、百乘马车去聘请孟尝君。冯谖先赶回薛地对孟尝君说："千斤黄金是极贵重的聘礼，百乘马车是极隆重的使节，咱们齐国该知道这件事了。"魏国使者接连跑了三趟，可孟尝君坚决推辞不就。

齐王听到这个消息，君臣震恐，连忙派遣太傅带着一千斤黄金，两乘四马花车及宝剑一把，外附书信一封向孟尝君道歉说："寡人不幸，遭受祖宗降下的灾祸，听信谗言，得罪了您。寡人无德，虽不足以辅佐，但请先生顾念先王宗庙，暂且回国执掌政务吧。"冯谖劝孟尝君说："希望殿下索取先王的祭器，立宗庙于薛。"宗庙落成，冯谖回报说："三窟已就，殿下可安心享乐了。"

孟尝君为相几十年，一点祸患都没有，正是因为冯谖的谋划啊！

三、齐王使使者问赵威后

【原文】

　　齐王使使者问赵威后。书未发，威后问使者曰："岁亦无恙耶？民亦无恙耶？王亦无恙耶？"使者不说，曰："臣奉使使威后，今不问王，而先问岁与民，岂先贱而后尊贵者乎？"威后曰："不然。苟无岁，何以有民？苟无民，何以有君？故有舍本而问末者耶？"乃进而问之曰："齐有处士曰钟离子，无恙耶？是其为人也，有粮者亦食，无粮者亦食；有衣者亦衣，无衣者亦衣。是助王养其民也，何以至今不业也？叶阳子无恙乎？是其为人，哀鳏寡，恤孤独，振困穷，补不足。是助王息其民者也，何以至今不业也？北宫之女婴儿子无恙耶？彻其环瑱，至老不嫁，以养父母。是皆率民而出于孝情者也，胡为至今不朝也？此二士弗业，一女不朝，何以王齐国，子万民乎？於陵子仲尚存乎？是其为人也，上不臣于王，下不治其家，中不索交诸侯。此率民而出于无用者，何为至今不杀乎？"

【译文】

　　齐襄王派遣使者问候赵威后，齐王的信还没有打开，赵威后就问使者："今年收成还可以吧？百姓安乐吗？你们大王也无恙吧？"使者不高兴，说："臣奉大王之命向太后问好，您不先问我们大王状况却打听年成、百姓的状况，这有点先卑后尊吧？"赵威后回答说："话不能这样说。如果没有年成，百姓凭什么繁衍生息？如果没有百姓，又怎么有君王？岂有舍本问末的道理？"她接着又问："齐国有个隐士钟离子，还好吧？他主张有粮食的人有饭吃，没粮食的人也让他们有饭吃；有衣服的穿衣服，没有衣服的也给他们衣服，这是在帮助君王养活百姓，齐王为何至今未有重用他？叶阳子还好吧？他主张怜恤鳏寡孤独，振济穷困不足，这是替大王存恤百姓，为何至今还不加以任用？北宫的女孩还好吗？她摘去耳环，至今不嫁，一心奉养双亲，用孝道为百姓作出表率，为何至今未被朝廷褒奖？这样的两位隐士不受重用，一位孝女不被接见，齐王怎能治理齐国、抚恤万民呢？於陵的子仲这个人还活在世上吗？他为人上不对君王行臣道，下不能很好地治理家业，又不能和诸侯交往，这是带头做无用之人啊！齐王为什么至今还不处死他呢？"

四、燕攻齐取七十余城

【原文】

　　燕攻齐，取七十余城，唯莒、即墨不下。齐田单以即墨破燕，杀骑劫。

　　初，燕将攻下聊城，人或谗之。燕将惧诛，遂保守聊城，不敢归。田单攻之岁余，士卒多死，而聊城不下。

　　鲁连乃书，约之矢以射城中，遗燕将曰："吾闻之，智者不倍时而弃利，勇士不怯死而灭名，忠臣不先身而后君。今公行一朝之忿，不顾燕王之无臣，非忠也；杀身亡聊城，而威不信于齐，非勇也；功废名灭，后世无称，非知也。故知者不再计，勇士不怯死。今死生荣辱，尊卑贵贱，此其一时也。愿公之详计而无与俗同也。

　　"且楚攻南阳，魏攻平陆，齐无南面之心，以为亡南阳之害，不若得济北之利，故定计而坚守之。今秦人下兵，魏不敢东面，横秦之势合，则楚之形危。且弃南阳，断右壤，存济北，计必为之。今楚、魏交退，燕救不至，齐无天下之规，与聊城共据期年之弊，即臣见公之不能得也。齐必决之于聊城，公无再计。

彼燕国大乱，君臣过计，上下迷惑，栗腹以百万之众，五折于外，万乘之国，被围于赵，壤削主困，为天下戮，公闻之乎？今燕王方寒心独立，大臣不足恃，国弊祸多，民心无所归。今公又以弊聊之民，距全齐之兵，期年不解，是墨翟之守也；食人炊骨，士无反北之心，是孙膑、吴起之兵也。能以见于天下矣。

"故为公计者，不如罢兵休士，全车甲，归报燕王，燕王必喜。士民见公，如见父母，交游攘臂而议于世，功业可明矣。上辅孤主，以制群臣；下养百姓，以资说士。矫国革俗於天下，功名可立也。意者，亦捐燕弃世，东游与齐乎？请裂地定封，富比陶、卫，世世称孤寡，与齐久存，此亦一计也。二者显名厚实也，愿公熟计而审处一也。

"且吾闻，效小节者不能行大威，恶小耻者不能立荣名。昔管仲射桓公中钩，篡也；遗公子纠而不能死，怯也；束缚桎梏，辱身也。此三行者，乡里不通也，世主不臣也。使管仲终穷抑，幽囚而不出，惭耻而不见，穷年没寿，不免为辱人贱行矣。然而管子并三行之过，据齐国之政，一匡天下，九合诸侯，为五伯首，名高天下，光照邻国。曹沫为鲁君将，三战三北，而丧地千里。使曹子之足不离陈，计不顾后，出必死而不生，则不免为败军禽将。曹子以败军禽将，非勇也；功废名灭，后世无称，非知也。故去三北之耻，退而与鲁君计也，曹子以为遭。齐桓公有天下，朝诸侯。曹子以一剑之任，劫桓公于坛位之上，颜色不变，而辞气不悖。三战之所丧，一朝而反之，天下震动，诸侯惊骇，威信吴、楚，传名后世。若此二公者，非不能行小节，死小耻也，以为杀身绝世，功名不立，非知也。故去忿恚之心，而成终身之名；除感忽之耻，而立累世之功。故业与三王争流，名与天壤相敝也。公其图之！"

燕将曰："敬闻命矣。"因罢兵到读而去。故解齐国之围，救百姓之死，仲连之说也。

【译文】

　　燕国攻打齐国，攻下了七十多座城，只有莒和即墨两城还没打下来。齐将田单就以即墨为据点大败燕军，杀死燕将骑劫。

　　当初，有位燕将攻占了聊城，有人在燕王那里进了谗言，这位燕将害怕会被处死，就死守在聊城不敢回国。齐将田单为收复聊城，打了一年多，将士死伤累累，可聊城还是打不下来。

　　齐国的鲁仲连于是写了一封信，绑在箭杆上，射到城内，信中对燕将说："我听说，智者不做违背时势、有损利益的事，勇士不做怕死而毁掉荣誉的事，忠臣不会先考虑自己后考虑君主。现在将军因一时的激愤，而不顾燕王失去一位大臣，这是不忠的行为；与聊城同死，威名不会在齐国传播，这不是勇士的举动；战功废弃，英名埋没，后人不会称道，这不是明智的举动。因此，明智的人不会踌躇不决，勇敢的人不会贪生怕死，如今生死荣辱、尊卑贵贱，都取决于将军一时的决断，希望将军能认真考虑，不要与普通人一般见识。

　　"而且楚国进攻南阳、魏国进逼平陆，齐国已无心南顾，认为失去南阳的损失，不及攻取济北聊城的得益，所以决心收回聊城。如今秦王出兵助齐，魏国不敢继续攻打平陆；秦齐连横之势已定，楚国此刻岌岌可危。何况即便放弃南阳、失去平陆，只要能保全聊城之地，齐国也会决意如此。如今楚、魏先后退兵，而燕国的援军却毫无消息，齐国没有了外患，只要与将军在聊城相持下去，一年之后，我看您一定要败。

"齐国是一定要攻下聊城的，您切莫举棋不定！目下燕国内乱，君臣失措，上下惶惑。燕将栗腹率领百万军队，在外五战五败，燕国本是万乘强国，却被赵国围困。土地被掠夺，国君遭困厄，为天下诸侯耻笑。您听说了吧？现在燕王正处在心惊胆战、孤立无援的境地，大臣不足以倚仗，兵祸连连，国难深重，民心涣散。现在您指挥早已疲惫不堪的聊城子民，抗拒整个齐国的兵马，一年时间都没有闪失，这正是像墨翟一般善于守备；士兵们饥饿到食人的地步，而始终没有北逃回燕的想法，这确如孙膑、吴起一样善于用兵。将军对得起天下人了！

"因此，我替你打算，不如罢兵休斗，保全车仗甲胄，回国向燕王复命，他一定会很高兴。燕国国民见到你，会如同见到父母一般，新朋故交会抓着你的胳膊赞扬将军的赫赫战功，将军可以名扬天下了。将军上可辅佐国君，统制群臣；下可存恤百姓，奉养说客；矫正国弊，改革陋俗，人生价值可以实现了。或者，也可以考虑离开燕国，东投齐国？我会让齐王赐你封地，像陶朱公范蠡、子贡般富有，子孙后世都称孤道寡，跟齐国一样长存，这是另一条出路。这两条路，一是扬名当世，一是富贵安逸，希望你慎重考虑，选择其中一种。

"我还听说过于看重小节，难以建树大功；不堪忍受小辱，难以成就威名。从前管仲弯弓射中桓公的带钩，这是篡逆作乱；不能为公子纠死义，这是贪生惜命；身陷囚笼，这是奇耻大辱。

有了这三种行径，虽乡民野老也不会与之交往，君主也不会以之为臣。如果管仲因此困辱抑制自己的志向，不再出仕，将会以卑贱的劳作辱没一生。可是他却在身兼三种恶行的情况下，执掌齐国政事，扶正天下，九次召集诸侯会盟，使桓公得以成为春秋五霸之首，他自己也名满天下，光耀邻邦。

曹沫是鲁国的将军，三战三败，失地千里。如果他永远不离开疆场，不顾后果一意孤行，他一定会战死沙场，那不过是一个败军之将而已。这样一来，就不能称为勇士；功名淹没，不能算是聪明。可是，他能隐忍三次败北的耻辱，与鲁庄公重新谋划。齐桓公威服天下之后，召集诸侯会盟，曹沫就凭着一柄宝剑，在祭坛之上劫持桓公，从容不迫，义正辞严，一朝收回失地，天下为之震动。他的威名更远播吴楚而名重后世。以上说的管仲、曹沫两个人，并不是不能遵行小节，为小耻而死，只是他们认为功名未立，壮志未酬，愤而求死是不明智的做法。所以才决定抛弃愤恨之心，成就一生的功名；忍受一时耻辱，建立万世功业。他们的功业可与三王争高低，声名可与天地共短长，愿将军三思而后行！"

燕将说："谨遵先生之命。"于是，背着兵器撤军回国。所以，解除齐国对聊城的围困，使百姓免遭刀兵之祸，全是鲁仲连的功劳呀！

五、齐闵王之遇杀

【原文】

齐闵王之遇杀，其子法章变姓名。为莒太史家庸夫。太史敫女奇法章之状貌，以为非常人，怜而常窃衣食之，与私焉。莒中及齐亡臣相聚，求闵王子，欲立之。法章乃自言于莒。共立法章为襄王。襄王立，以太史氏女为王后，生子建。太史敫曰："女无媒而嫁者，非吾种也，污吾世矣。"终身不睹。君王后贤，不以不睹之故，失人子之礼也。

襄王卒，子建立为齐王，君王后事秦谨，与诸侯信，以故建立四十有余年不受兵。

秦始皇尝使使者遗君王后玉连环，曰："齐多知，而解此环不？"君王后以示群臣，群臣不知解。君王后弓椎椎破之，谢秦使，曰："谨以解矣。"

及君王后病，且卒，诫建曰："群臣之可用者某。"建曰："请书之。"君王后曰："善。"取笔牍受言。君王后曰："老妇已亡矣！"

君王后死后，后胜相齐，多受秦间金玉，使宾客入秦，皆为变辞，劝王朝秦，不修攻战之备。

【译文】

　　齐闵王被杀害，他的儿子法章改名换姓，做了莒地一个姓太史人家的仆人。太史敫的女儿见法章的相貌很奇特，认为他不是普通人，因而怜爱他，常偷偷送给他衣服和食物，于是两人有了私情。莒地及齐国亡国遗臣聚在一起，寻找闵王的儿子，要立他为王。法章在莒地承认自己是太子，大家于是立他为襄王。齐襄王即位后，把太史敫的女儿立为王后，后来生子名建。太史敫说："女儿没有通过媒人就出嫁，不是我们家的后代，实在给我丢尽了脸。"便终身不见他的女儿。君王后贤惠，不因父亲和她断绝关系而不顾父女应有的礼节。

　　齐襄王死后，他儿子建被立为齐王，君王后对待秦国很谨慎，对待诸侯也很诚敬，所以齐王建即位十余年，没有遇到战祸。

　　秦始皇曾派使臣给王后一副玉连环，说："齐国人都很聪明，能解开这个玉连环吗？"君王后把玉连环拿给群臣看，群臣没有人知道如何解开。君王后拿起一把锤子把它敲破，告诉秦王的使者说："已经解开了。"

　　当王后病危快死时，她告诫齐王建说："群臣中某某人可以任用。"齐王建说："请把他们的名字写下来。"王后说："好。"于是，齐王取笔和木简要她写下遗言。王后却说："我已经忘记了。"

　　王后死后，后胜担任齐的相国，接受了秦国间谍很多的金银珠宝，派去秦国的宾客，都说一些符合秦国利益的变诈之辞，他们劝齐王建去秦国，而一点也不考虑备战的问题。

六、苏秦为赵合从说楚

【原文】

苏秦为赵合从，说楚威王曰："楚，天下之强国也。大王，天下之贤王也。楚地西有黔中，巫郡，东有夏州、海阳，南有洞庭、苍梧，北有汾、陉之塞、郇阳。地方五千里，带甲百万，车千乘，骑万匹。粟支十年，此霸王之资也。夫以楚之强与大王之贤，天下莫能当也。今乃欲西面而事秦，则诸侯莫不南面而朝于章台之下矣。秦之所害，于天下莫如楚，楚强则秦弱，楚弱则秦强，此其势不两立。故为王至计，莫如从亲以孤秦。大王不从亲，秦必起两军：一军出武关；一军下黔中。若此，则鄢、郢动矣。臣闻治之其未乱，为之其未有也；患至而后忧之，则无及已。故愿大王早计之。大王诚能听臣，臣请令山东之国，奉四时之献，以承大王之明制，委社稷宗庙，练士厉兵，在大王之所用之。大王诚能听臣之愚计，则韩、魏、齐、燕、赵、卫之妙音美人，必充后宫矣。赵、代良马橐驼，必实于外厩。故从合则楚王，横成则秦帝。今释霸王之业，而有事人之名，臣窃为大王不取也。

夫秦，虎狼之国也，有吞天下之心。秦，天下之仇雠也。

横人皆欲割诸侯之地以事秦，此所谓养仇而奉雠者也。夫为人臣而割其主之地，以外交强虎狼之秦，以侵天下，卒有秦患，不顾其祸。夫外挟强秦之威，以内劫其主，以求割地，大逆不忠，无过此者。故从亲，则诸侯割地以事楚；横合，则楚割地以事秦。此两策者，相去远矣，有亿兆之数。两者大王何居焉？故弊邑赵王，使臣效愚计，奉明约，在大王命之。"

楚王曰："寡人之国，西与秦接境，秦有举巴蜀、并汉中之心。秦，虎狼之国，不可亲也。而韩、魏迫于秦患，不可与深谋，恐反人以入于秦，故谋未发而国已危矣。寡人自料，以楚当秦，未见胜焉。内与群臣谋，不足恃也。寡人卧不安席，食不甘昧，心摇摇然如悬旌，而无所终薄。今君欲一天下，安诸侯，存危国，寡人谨奉社稷以从。"

86

【译文】

苏秦为赵国组织合纵联盟，去游说楚威王，说："楚国是天下的强国，大王是天下的贤主。楚国西有黔中、巫郡，东有夏州、海阳，南有洞庭、苍梧，北有汾陉、郇阳，全国土地方

圆五千里，战士百万，战车千辆，战马万匹，粮食可供十年，这是建立霸业的资本。凭楚国这样强大，大王这样贤能，真是天下无敌。可现在却打算听命于秦国，那么诸侯再也没

有向南到楚国章台来朝见的了。秦国最引以为忧的莫过于楚国，楚国强盛则秦国削弱，楚国衰弱则秦国强大，楚、秦两国势不两立。所以为大王考虑，不如六国结成合纵联盟来孤立秦国。大王如果不组织六国合纵联盟，秦国必然会从两路进军，一路出武关，一路下汉中。这样，楚国的鄢、郢必然会引起震动。我听说：'平定天下，在它还未混乱时就要着手；做一件事在未开始时就要做好准备。'祸患临头，然后才去发愁，那就来不及了。所以，我希望大王及早谋划。您若真能听取我的意见，我可以让山东各国四时都来进贡，奉行大王命令，将国家、宗庙都委托给楚国，训练士兵，任大王使用。大王真能听从我的愚计，那么，韩、魏、齐、燕、赵、卫各国的歌女、美人必定会充满您的后宫，赵国、代地的良马、骆驼一定会充满您的马厩。因此，合纵联盟成功，楚国就可以称王；连横联盟成功，秦国就会称帝。现在您放弃王霸大业，反而落个'侍奉别人'的恶名，大王的做法我实在不敢恭维。

　　"秦国，残暴如同虎狼，有吞并天下的野心，秦国是诸侯的仇敌，而主张连横的人却想以割让诸侯土地去讨好秦国，这实在是所谓'奉养仇敌'的做法。做为人臣，以损失自己国家的领土为代价，交结强暴如虎狼的秦国，还去侵略诸侯，最终会招来严重的祸患。至于对外依靠强秦的威势，对内胁迫自己的国君，丧失国土，这又是人臣的大逆不道、为国不忠。所以，合纵联盟成功，诸侯就会割地听从楚国；连横阵线成功，楚国就得割地听从秦国。合纵与连横这两种谋略，相差十万八千里。对此大王到底如何取舍呢？敝国国君赵王特派我献此愚计，共

结盟约，不知大王意下如何？”

楚王说："我的国家，西边与秦国相接，秦国有夺取巴蜀，吞并汉中的野心，秦国暴如虎狼，不可能和他友好。而韩、魏两国迫于秦国的威胁，又不能和他们深入地谋划合作，如果和他们深谋，恐怕他们反会投入秦国的怀抱。这样，计谋还没有付诸实行，楚国就会大祸临头。我自己考虑，单凭楚国来对抗秦国，未必能够取得胜利；与群臣的谋划，也没法依靠，我寝食不安，心神不定，如旗子飘荡不止，终无所托。现在你想统一天下，安定诸侯拯救危国，我完全同意参加合纵联盟。"

88

七、张仪之楚贫

【原文】

张仪之楚，贫。舍人怒而归。张仪曰："子必以衣冠之敝，故欲归。子待我为子见楚王。"

当是之时，南后、郑袖贵于楚。张子见楚王，楚王不说。张子曰："王无所用臣。臣请北见晋君。"楚王曰："诺。"张子曰："王无求于晋国乎？"王曰："黄金珠玑犀象出于楚，寡人无求于晋国。"张子曰："王徒不好色耳？"王曰："何也？"张子曰："彼郑、周之女，粉白墨黑，立于衢闾，非知而见之者，以为神。"楚王曰："楚，僻陋之国也，未尝见中国之女如此其美也。寡人之独何为不好色也？"乃资之以珠玉。

南后、郑袖闻之大恐，令人谓张子曰："妾闻将军之晋国，偶有金千斤，进之左右，以供刍秣。"郑袖亦以金五百斤。

张子辞楚王曰："天下关闭不通，未知见日也，愿王赐之觞。"王曰："诺。"乃觞之。张子中饮，再拜而请曰："非有他人于此也，愿王召所便习而觞之。"王曰："诺。"乃召南后、郑袖而觞之。张子再拜而请曰："仪有死罪于大王。"王曰："何也?"曰:"仪行天下遍矣,未尝见人如此其美也。而仪言得美人,是欺王也。"王曰:"子释之。吾固以为天下莫若是两人也。"

【译文】

张仪来到楚国,不名一文。他的随从愤怒,想要回去。张仪说:"你一定是因为衣冠破烂,才要回去吧。你等着,让我替你去拜见楚王。"

这个时候,南后和郑袖正受楚王宠爱。张仪前去拜见楚怀王,楚怀王不高兴。张仪说:"大王不用我,我就到北方去见韩王。"楚王说:"好吧!"张仪说:"难道大王对韩国没有什么要求吗?"楚王说:"黄金、珍珠、玑珠、犀革、象牙我们楚国都有,我对韩国没有什么要求。"张仪说:"大王不好女色吗?"楚王说:"什么意思?"张仪说:"那郑国和周国的女子,打扮得十分漂亮,站在大街巷口,如果不知道,初次见她们还以为是仙女下凡。"楚王说:"楚国是一个偏僻的国家,从来没有见过中原的女子有这样美丽的,我怎么能不好色呢?"于是赠送给张仪珍珠、玉器。

南后和郑袖知道此事,大为吃惊,就派人对张仪说:"我们听说将军要到韩国去,我这里有金千斤,送给您的随从喝酒。"郑袖也给了张仪金五百斤。

张仪辞别楚王时,说:"诸侯相互阻隔,道路不通,不知何时再能见到大王,希望能与大王饮酒作别。"楚王说:"很好。"于是设宴与张仪对饮。酒至半酣,张仪一拜再拜,请求说:"这里没有外人,希望大王邀集左右亲近一块畅饮。"楚王

说："好。"于是找来南后和郑袖，一起饮酒。张仪又再拜请罪，说："臣张仪对大王犯有死罪。"楚王说："这是为什么？"张仪说："我走遍天下，从来没有见过像南后、郑袖二位这样的美人，我却说要为您找美人，这简直是欺骗大王啊！"楚王说："你算了吧。我本来就认为天下的美女谁也比不上她们两人。"

八、魏王遗楚王美人

【原文】

　　魏王遗楚王美人，楚王说之。夫人郑袖知王之说新人也，甚爱新人，衣服玩好，择其所喜而为之；宫室卧具，择其所善而为之。爱之甚于王。王曰："妇人所以事夫者，色也；而妒者，其情也。今郑袖知寡人之说新人也，其爱之甚于寡人，此孝子所以事亲，忠臣之所以事君也。"

　　郑袖知王以己为不妒也，因谓新人曰："王爱子美矣。虽然，恶子之鼻。子为见王，则必掩子鼻。"新人见王，因掩其鼻。王谓郑袖曰："夫新人见寡人，则掩其鼻，何也？"郑袖曰："妾知也。"王曰："虽恶，必言之。"郑袖曰："其似恶闻君王之臭也。"王曰："悍哉！"令劓之，无使逆命。

【译文】

　　魏惠王赠给楚怀王一个美女，怀王很喜欢。怀王的夫人郑袖，知道怀王宠爱新娶的美女，所以也装作很喜欢这个美女。衣服首饰都挑她喜欢的送去；房间和家具也都选她喜

欢的让她使用。似乎比楚王
更喜欢她。楚王说："女人
能讨丈夫欢心的是漂亮的面
容，而嫉妒乃是人之常情。
现在郑袖明知寡人喜欢新来
的美女，可是她爱美女比寡
人还厉害，这简直是孝子侍
奉双亲，忠臣侍奉君主。"

　　郑袖知道楚王认定她不是嫉妒以后，就去对美女说："君
王爱你的美貌。不过，有点讨厌你的鼻子。所以你见了君王，
一定要捂住鼻子。"从此美女见到楚王就捂住自己的鼻子。楚
王对郑袖说："美女看见寡人时，就捂住自己的鼻子，这是为
什么？"郑袖回答说："我知道，但不好说。"楚王说："即
使再难听的话，你也要说出来。"郑袖说："她像是讨厌君王
身上的气味。"楚王说："真是个泼辣的悍妇！"命人割掉美
女的鼻子，绝不宽赦。

第五卷

趙策

一、苏秦从燕之赵始合从

96

【原文】

苏秦从燕之赵，始合从，说赵王曰："天下之卿相人臣，乃至布衣之士，莫不高贤大王之行义，皆愿奉教陈忠于前之日久矣。虽然，奉阳君妒，大王不得任事，是以外客游谈之士，无敢尽忠于前者。今奉阳君捐馆舍，大王乃今然后得与士民相亲，臣故敢献其愚，效愚忠。为大王计，莫若安民无事，请无庸有为也。安民之本，在于择交，择交而得则民安，择交不得则民终身不得安。请言外患：齐、秦为两敌，而民不得安；倚秦攻齐，而民不得安；倚齐攻秦，而民不得安。故夫谋人之主，伐人之国，常苦出辞断绝人之交，愿大王慎无出与口也。

"请屏左右，曰言所以异，阴阳而已矣。大王诚能听臣，燕必致毡裘狗马之地，齐必致海隅鱼盐之地，楚必致橘柚云梦之地，韩、魏皆可使致封地汤沐之邑，贵戚父兄皆可以受封侯。夫割地效实，五伯之所以复军禽将而求也；封侯贵戚，汤、武之所以放杀而争也。今大王垂拱而两有之，是臣之所以为大王愿也。大王与秦，则秦必弱韩、魏；与齐，则齐必弱楚、魏。

魏弱则割河外，韩弱则效宜阳。宜阳效则上郡绝，河外割则道不通。楚弱则无援。此三策者，不可不熟计也。夫秦下轵道则南阳动，劫韩包周则赵自销铄，据卫取淇则齐必入朝。秦欲已得行于山东，则必举甲而向赵。秦甲涉河逾漳，据番吾，则兵必战于邯郸之下矣。此臣之所以为大王患也。

"当今之时，山东之建国，莫如赵强。赵地方二千里，带甲数十万，车千乘，骑万匹，粟支十年；西有常山，南有河、漳，东有清河，北有燕国。燕固弱国，不足畏也。且秦之所畏害于天下者，莫如赵。然而秦不敢举兵甲而伐赵者，何也？畏韩、魏之议其后也。然则韩、魏，赵之南蔽也。秦之攻韩、魏也，则不然。无有名山大川之限，稍稍蚕食之，傅之国都而止矣。韩、魏不能支秦，必入臣。韩、魏臣于秦，秦无韩、魏之隔，祸中于赵矣。此臣之所以为大王患也。

"臣闻，尧无三夫之分，舜无咫尺之地，以有天下。禹无百人之聚，以王诸侯。汤、武之卒不过三千人，车不过三百乘，立为天子。诚得其道也。是故明主外料其敌国之强弱，内度其士卒之众寡、贤与不肖，不待两军相当，而胜败存亡之机节，固已见于胸中矣，岂掩于众人之言，而以冥冥决事哉！

"臣窃以天下地图案之。诸侯之地五倍于秦，料诸侯之卒，十倍于秦。六国并力为一，西面而攻秦，秦必破矣。今见破于秦，

西面而事之，见臣于秦！夫破人之与破于人也，臣人之与臣于人也，岂可同日而言之哉！夫横人者，皆欲割诸侯之地以与秦成。与秦成，则高台，美宫室，听竽瑟之音，察五味之和，前有轩辕，后有长庭，美人巧笑，卒有秦患，而不与其忧。是故横人日夜务以秦权恐猲诸侯，以求割地，愿大王之熟计之也。

"臣闻，明王绝疑去谗，屏流言之迹，塞朋党之门，故尊主广地强兵之计，臣得陈忠于前矣。故窃为大王计，莫如一韩、魏、齐、楚、燕、赵六国从亲，以傧畔秦。令天下之将相，相与会于洹水之上，通质刑白马以盟之。约曰：'秦攻楚，齐、魏各出锐师以佐之，韩绝食道，赵涉河、漳，燕守常山以北。秦攻韩、魏，则楚绝其后，齐出锐师以佐之，赵涉河、漳，燕守云中。秦攻齐，则楚绝其后，韩守成皋，魏塞午道，赵涉河、漳、博关，燕出锐师以佐之。秦攻燕，则赵守常山，楚军武关，齐涉渤海，韩、魏出锐师以佐之。秦攻赵，则韩军宜阳，楚军武关，魏军河外，齐涉渤海，燕出锐师以佐之。诸侯有先背约者，五国共伐之。六国从亲以傧秦，秦必不敢出兵函谷关以害山东矣。如是则伯业成矣。"

赵王曰："寡人年少，莅国之日浅，未尝得闻社稷之长计。今上客有意存天下，安诸侯，寡人敬以国从。"乃封苏秦为武安君，饰车百乘，黄金千镒，白璧百双，锦绣千纯，以约诸侯。

[译文]

苏秦从燕国到赵国，开始用联合六国抗衡秦国的合纵策略，游说赵肃侯说："各诸侯国的卿相大臣，以至于普通的老百姓，没有一个不尊崇大王的仁义行为的，都愿向大王进献忠心，这已经有很久了。然而，奉阳君妒嫉贤能，使得大王不能专理国事，以致各国游说之士都不敢前来敬献忠言。现在奉阳君死了，大王才能够和各方面的人士接近，所以我才敢来敬献一点愚忠以报效大王。我为大王考虑，不如安定百姓，无为而治。安民的根本在于搞好邦交。有好的邦交人民就安定，没有好的邦交人民就终身不得安定。我再说说外患：秦、齐两国是您的敌国，所以赵国人民不得安定；依靠秦国进攻齐国，人民不能安定；依靠齐国进攻秦国，人民也不能安定。可见图谋他国国君，进攻他国，常常会口出恶言，并与他国断交，所以请大王切勿说这样的话。

"请您摒退左右侍臣，我说说合纵、连横的利弊。大王真能听从我的忠言，燕国一定会把出产毡、裘、狗、马的好地方献给您，齐国一定会把海边出产鱼盐的地盘献给您，楚国一定会把出产橘柚的云梦之地献给您，韩国、魏国也必然献出很多城池和供您斋戒沐浴的县邑，大王的父兄外戚都可以有封侯的土地。割取别国土地得到别国财货，乃是五霸不惜牺牲将士的生命去追求的；使贵戚得以封侯，也是从前商汤、周武放逐诛杀敌人才争得的。现在大王唾手可得这两种东西，这正是我要为大王谋划的。大王与秦国结盟，秦国必然去侵略韩、魏；大王与齐国结盟，齐国必然去侵略楚、魏；魏国衰弱后就必然割河外之地；韩国软弱了，就会献出宜阳。献出了宜阳，则通往上郡的路就切断了；河外割让了，道路就不能通行到上郡；楚国衰弱，赵国就孤立无援。这三种情况，是不能不慎重考虑的。

秦国攻下轵道，那么南阳就会动摇；再劫持韩国包围周室，那么赵国就会自行削弱；秦国再占领卫都濮阳夺取淇水之地，那么齐国必然会到秦国称臣。假如秦国能在山东得到这些，必然就会进攻赵国。秦军渡过黄河，穿过漳水，占据番吾，那么秦兵必将逼战于邯郸城下。这就是我为大王担忧的啊！

"当今之时，山东各国，没有比赵国更强大的。赵国土地方圆两千里，精兵几十万，战车几千辆，战马上万匹，军粮可供十年之用，西边有常山，南边有黄河、漳水，东边有清河，北边有燕国。燕国是一个弱国，不足畏惧。而且在各国中，秦国最害怕的是赵国。然而，秦国不敢发兵攻打赵国的原因是什么呢？是因为秦国担心韩、魏两国在后边算计他。这样看来，韩、魏两国就是赵国南边的蔽障。秦国攻打韩、魏就不是这样了。韩、魏没有名山大川的阻隔，秦国只要对他们一点点地吞食，一直把国都吞食完为止就可以了。韩、魏不能抗拒秦国，必然会向秦称臣。韩、魏臣服于秦后，秦国就没有韩、魏的障碍了，战祸就将降到赵国头上。这也是我为大王忧虑的地方。

"我听说尧过去连三百亩这么大的地盘都没有，舜没有一尺那么大的地盘，他们竟然拥有了天下。禹只有一个不满百人的部落，竟成为诸侯的共主。商汤、周武王的兵士不满三千，战车不过三百辆，最后成为天子。这都是因为他们获得了治国安邦的正道。所以英明的国君，对外要估计敌国的强弱，对内要视察士卒的多寡、贤与不贤，不必等到两军相拼，胜败存亡的关键就已经心中有数了。怎么能够被众人之言所蒙蔽，糊里糊涂地决定事情呢！

"我私下拿天下地图查看，诸侯的土地是秦国的五倍，诸侯的兵力相当于秦国的十倍。假如六国能够团结一致，合力西向攻打秦国，秦国必定灭亡。而现在各国却将要被秦国消灭，却将要西向共同侍奉秦国，向秦国称臣。灭掉别国或被别国灭掉，让别国臣服或臣服于别国，两者绝不能相提并论。那些主张连横的人，他们都想割让诸侯的土地来与秦国谈和。一旦能和秦国讲和，他们就可以高筑台榭，美化住宅别墅，倾听美女姣笑，然而一旦秦国突然发兵攻打诸侯，他们却不与诸侯共同承担忧患。因此主张连横的人日夜寻求靠秦国的权势来恐吓诸侯，以求得向秦国割地。请大王深思熟虑。

"我听说贤明的君主不怀疑他人，不轻信谗言，摒弃一切流言蜚语，杜绝朋党门户之争。因而尊崇国君、开拓疆土、训练强兵的计谋，我才能有机会向您陈述了。所以我私下为大王谋划，不如团结韩、魏、齐、楚、燕、赵，使六国合纵，互相亲近，以此抗拒秦国。通令天下的将相，一齐到洹水之畔集会，交换人质，杀白马缔结盟约。盟约这样写：'假如秦国攻打楚国，齐、魏都要各出精兵为楚国作战，韩国负责切断秦国的粮道，赵国渡过黄河、漳水，燕国则派大军死守常山以北。假如秦国攻打韩、魏，楚国就切断秦国的后路，齐国派精兵支援韩、魏，赵国则渡过黄河、漳水，至于燕国则派兵死守云中。秦国如果

攻打齐国，楚国就负责切断秦国的后路，韩国派军守住成皋而魏国则封锁午道，赵国越过黄河、漳水、博关，燕国则派精兵援助齐国。假如秦兵攻打燕国，那赵国就守住常山，楚国进兵武关，齐军渡过渤海，韩、魏两国各出精兵援救。秦兵如果攻打赵国，那韩国就要镇守宜阳，楚军列阵武关，魏军则驻扎在河外，齐军渡过渤海，燕国则发精兵救赵。六个诸侯国中有先背弃盟约的，那其他五国就共同出兵讨伐他。'只要六国形成合纵，共同抵抗秦国，秦国必不敢出兵函谷关侵略山东六国了。这样霸业就可以顺利完成了。"

赵肃侯说："我年纪小，即位的时间又短，还没有听到过治国的大计。现在您有意拯救天下、安定诸侯，我非常愿意缔结合纵之盟。"于是封苏秦为武安君，拨给他战车一百辆，黄金千镒，白璧百双，锦绣一千匹,派他去游说诸侯缔结合纵之约。

二、张仪为秦连横

【原文】

张仪为秦连横，说赵王曰："弊邑秦王，使臣敢献书于大王御史。大王收率天下以摈秦，秦兵不敢出函谷关十五年矣。大王之威，行于天下山东。弊邑恐惧慑伏，缮甲厉兵，饰车骑，习驰射，力田积粟，守四封之内，愁居慑处，不敢动摇，唯大王有意督过之也。今秦以大王之力，西举巴蜀，并汉中，东收两周而西迁九鼎，守白马之津。秦虽辟远，然而心忿悁含怒之日久矣。今宣君有微甲钝兵，军于渑池，愿渡河逾漳，据番吾，迎战邯郸之下。愿以甲子之日合战，以正殷纣之事。敬使臣先以闻于左右。

"凡大王之所信以为从者，恃苏秦之计。荧惑诸侯，以是为非，以非为是。欲反复齐国而不能，自令车裂于齐之市。夫天下之不可一亦明矣。今楚与秦为昆弟之国，而韩、魏称为东蕃之臣，齐献鱼盐之地，此断赵之右臂也。夫断右臂而求与人斗，失其党而孤居，求欲无危，岂可得哉？今秦发三将军，一军塞午道，告齐使兴师渡清河，军于邯郸之东；一军军于成皋，驱韩、魏而军于河外；一军军于渑池。约曰：'四国为一以攻赵，破赵而四分其地'。是故不匿意隐情，先以闻于左右。臣窃为大王计，莫如与秦遇于渑池，面相见而身相结也。臣请案兵无攻，愿大王之定计。"

赵王曰："先王之时，奉阳君相，专权擅势，蔽晦先王，独断官事。寡人宫居，属于师傅，不能与国谋。先王弃群臣，寡人年少，奉祠祭之日浅，私心固窃疑焉，以为一从不事秦，非国之长利也。乃且愿变心易虑，剖地谢前过以事秦。方将约车趋行，而适闻使者之明诏。"于是乃以车三百乘入朝渑池，割河间以事秦。

【译文】

张仪为秦国组织连横阵线而游说赵武王道："敝国君王派我给大王献上国书。大王率领天下诸侯对抗秦国，以致秦军不敢出函谷关已十五年了。大王的威信通行于天下和山东六国，我秦国对此非常恐惧，于是便修缮铠甲，磨砺兵器，整顿战车，苦练骑射，勤于耕作，聚积粮食，严守四面边疆，过着忧愁恐惧的日子，不敢轻举妄动，唯恐大王有意责备我们的过错。现在秦国仰仗大王的威力，西面收取巴、蜀，兼并汉中，东面征服东、西两周，把象征天子的九鼎向西运到秦国，又派兵镇守白马渡口。秦国虽然地处僻远，但是心怀愤恨已经很久了。如今敝国秦王的些许军队，驻扎在渑池，将渡过黄河，越过漳水占领番吾，与赵军

会战于邯郸城下。希望在甲子之日和赵军会战，以仿效武王伐纣的故事。秦王特派我将此事事先敬告大王。

"总的说来，大王听信合纵的原因，不过靠的是苏秦的计谋。苏秦惑乱诸侯，颠倒是非黑白，但是他阴谋颠覆齐国却没有成功，自己反而被车裂于齐国。由此看来，天下诸侯联合一体是不可能的。现在楚国和秦国结为兄弟之邦，韩、魏两国也自称是秦国的东方之臣，齐国献出鱼盐之地，这就切断了赵国的右臂。一个被割断了右臂的人去与人搏斗，就失去了同盟而孤立无援，所以要想没有危险，这怎么可能呢？现在秦国派出三路大军：一路堵塞午道，并通知齐国让他派出大军渡过清河，驻扎在邯郸以东；一路驻扎在成皋，指挥韩、魏之军，列阵在魏国的河外；另一路军队驻扎在渑池。我们盟誓说：'四国团结一致攻打赵国，灭掉赵后由四国瓜分赵国领土。'我不敢隐瞒真相，事先通知大王。我私下为大王考虑，大王不如和秦王在渑池相会，见了面以后而使两国互结友好。我请求秦王按兵不动，希望大王速决。"

赵武王说："先王在位的时候，奉阳君为宰相，他为人专权跋扈，蒙蔽先王，一人独断朝政，而我在深宫中读书，不能参与国政。先王死后，寡人年龄还小，亲政的时日不多，但内心却非常疑惑。与各诸侯订立合纵之盟抗拒秦国，根本不是治国安邦的长久之计。因此正想重新考虑，改变战略国策，向秦割地谢罪，希望与秦国友好。我正准备车马要到秦国去时，恰好您到来，对我说这件事。"于是赵武王率领三百辆战车到渑池去朝见秦惠王，并把河间之地献给秦国。

三、秦围赵之邯郸

【原文】

秦围赵之邯郸。魏安釐王使将军晋鄙救赵。畏秦，止于荡阴，不进。魏王使客将军辛垣衍间入邯郸，因平原君谓赵王曰："秦所以急围赵者，前与齐闵王争强为帝，已而复归帝，以齐故。今齐闵王已益弱。方今唯秦雄天下，此非必贪邯郸，其意欲求为帝。赵诚发使尊秦昭王为帝，秦必喜，罢兵去。"平原君犹豫未有所决。

此时鲁仲连适游赵，会秦围赵。闻魏将欲令赵尊秦为帝，乃见平原君曰："事将奈何矣？"平原君曰："胜也何敢言事？百万之众折于外，今又内围邯郸而不能去。魏王使将军辛垣衍令赵帝秦，今其人在是，胜也何敢言事！"鲁仲连曰："始吾以君为天下之贤公子也，吾乃今然后知君非天下之贤公子也。梁客辛垣衍安在？吾请为君责而归之。"平原君曰："胜请召而见之与先生。"平原君遂见辛垣衍曰："东国有鲁仲连先生，其人在此，胜请为绍介而见之于将军。"辛垣衍曰："吾闻鲁仲连先生，齐国之高士也。衍，人臣也，使事有职。吾不愿见鲁仲连先生也。"平原君曰："胜已泄之矣。"辛垣衍许诺。鲁仲连见辛垣衍而无言。辛垣衍曰："吾视居北围城之中者，皆有求于平原君者也。今吾视先生之玉貌，非有求于平原君者，曷为久居此围城之中而不去也？"鲁仲连曰："世以鲍焦无从容而死者，皆非也。今众人不知，则为一身。彼秦者，弃礼义而上首功之国也。权使其士，虏使其民。彼则肆然而为帝，过而遂正于天下，则连有赴东海而死矣。吾不忍为之民也！所为见将军者，欲以助赵也。"辛垣衍曰："先生助之奈何？"鲁仲连曰："吾将使梁及燕助之。齐、楚则固助之矣。"辛垣衍曰："燕则吾请以从矣。若乃梁，则吾乃梁人也，先生恶能使梁助之耶？"鲁仲连曰："梁未睹秦称帝之害故也，使梁睹秦称帝之害，则必助赵矣。"辛垣衍曰："秦称帝之害将奈何？"鲁仲连曰："昔齐威王尝为仁义矣，率天下诸侯而朝周。周贫且微，诸侯莫朝，而齐独朝之。居岁余，周烈王崩，诸侯皆吊，齐后往。周怒，赴于齐曰：'天崩地坼，天子下席。东藩之臣田婴齐后至，则斮之！'威王勃然怒曰：'叱嗟，而母婢也。'卒为天下笑。故生则朝周，死则叱之，诚不忍其求也。彼天子固然，其无足怪。"辛垣衍曰："先生独未见夫仆乎？十人而从一人者，宁力不胜、智不若耶？畏之也。"鲁仲连曰："然梁之比于秦若仆耶？"辛垣衍曰："然。"鲁仲连曰："然吾将使秦王烹醢梁王。"辛垣衍怏然不悦曰："嘻！亦太甚矣，先生之言也。先生又恶能使秦王烹醢梁王？"鲁仲连曰："固也，待吾言之。昔者，鬼侯、鄂侯、文王，纣之三公也。鬼侯有子而好，故入之于纣，纣以为恶，醢鬼侯。鄂侯争之急，辨之疾，故脯鄂侯。文王闻之，喟然而叹，故拘之于牖里之库，百日而欲舍之死。曷为与人俱称帝王，卒就脯醢之地也？齐闵王将之鲁，夷维子执策而从，谓鲁人曰：'子将何以待吾君？'鲁人曰：'吾将以十太牢待子之君。'维子曰：'子安取礼而来待吾君？彼吾君者，天子也。天子巡狩，诸侯辟舍，纳筦键，摄衽抱几，视膳于堂下，天子已食，退而听朝也。'鲁人投其籥，不果纳，不得入于鲁。将之薛，假涂于邹。当是时，邹君死，闵王欲入吊。夷维子谓邹之孤曰：'天子吊，主人必将倍殡柩，设北面

107

于南方，然后天子南面吊也。'邹之群臣曰：'必若此，吾将伏剑而死。'故不敢入于邹。邹、鲁之臣，生则不得事养，死则不得饭含。然且欲行天子之礼于邹，鲁之臣，不果纳。今秦万乘之国，梁亦万乘之国。俱据万乘之国，交有称王之名，睹其一战而胜，欲从而帝之，是使三晋之大臣不如邹、鲁之仆妾也。且秦无已而帝，则且变易诸侯之大臣。彼将夺其所谓不肖，而予其所谓贤；夺其所憎，而与其所爱。彼又将使其子女谗妾为诸侯妃姬，处梁之宫，梁王安得晏然而已乎？而将军又何以得故宠乎？"

于是辛垣衍起，再拜谢曰："始以先生为庸人，吾乃今日而知先生为天下之士也。吾请去，不敢复言帝秦。"秦将闻之，为却军五十里。

适会魏公子无忌夺晋鄙军以救赵击秦，秦军引而去。于是平原君欲封鲁仲连。鲁仲连辞让者三，终不肯受。平原君乃置酒，酒酣，起前以千金为鲁仲连寿。鲁仲连笑曰："所贵于天下之士者，为人排患、释难、解纷乱而无所取也。即有所取者，是商贾之人也，仲连不忍为也。"遂辞平原君而去，终身不复见。

【译文】

秦军围困赵国都城邯郸。魏安釐王派大将晋鄙援救赵国，但畏惧秦军，所以魏军进军到荡阴，不敢前进。

魏王又派客将军辛垣衍秘密潜入邯郸城，通过平原君对赵王说："秦国之所以加紧围攻邯郸，是因为先前与齐王争先称帝，后来又都去掉帝号。因为齐国不称帝，所以秦国也取消了帝号。如今，齐国日渐衰弱，只有秦国能在诸侯之中称雄争霸。可见，秦国不是为了贪图邯郸之地，其真正目的是想要称帝。

如果赵国能派遣使者尊秦昭王为帝，秦国肯定会很高兴，自然会退兵的。"平原君一直很犹豫，没有作出决定。

这个时候，鲁仲连恰巧到赵国游历。正碰上秦军围攻邯郸，他听说魏国想要让赵国尊秦王为帝，就去见平原君说："事情怎样了？"平原君说："我赵胜现在还能说什么？赵国的百万大军战败于长平，秦军现在又深入赵国，围困邯郸，没有办法可以退敌。魏王派客将军辛垣衍叫赵国尊秦为帝，现在辛将军就在邯郸，我还能说什么呢？"鲁仲连说："刚开始我一直以为您是诸侯国中贤明的公子，今天我才知道您并不贤明。魏国来的那位叫辛垣衍的客人在哪里？请让我为您当面去斥责他，让他回到魏国去。"平原君说："那我就把他叫来跟先生您见见面吧！"平原君于是就去见辛垣衍，说："东方齐国有位叫鲁仲连的先生，他现在正在这里，我把他介绍给您，让他来跟您见见面。"辛垣衍说："我听说过鲁仲连先生，他是齐国的高明之士。而我辛垣衍，是魏王的臣子，此次出使是担负有重要职责的，我不想见鲁仲连先生。"平原君说："我已经把你在这里的消息告诉他了。"辛垣衍不得已，答应去见鲁仲连。

鲁仲连见到辛垣衍后，没有开口。辛垣衍说："据我观察，居住在这个被围困的都城中的人，都是有求于平原君的。可现在我一见到先生的仪容相貌，不像是有求于平原君的人，为什么久留在这个围城之中而不离开呢？"鲁仲连说："世上那些认为鲍焦（周时隐士，嫉世愤时）是心胸窄才死去的人，都是错误的。大家不了解他，以为他是为了自己。那秦国，是一个抛弃了仁义礼节而崇尚杀敌斩首之功的国家，以权术驾驭臣下，像奴隶一样役使他的百姓。如果让秦国肆无忌惮地称了帝，然后再进一步以自己的政策号令天下，那么我鲁仲连只有跳东海自杀了，我不能容忍做暴秦之民。我之所以要见将军，只是想对赵国有所帮助。"

辛垣衍问："先生您将怎样帮助赵国呢？"鲁仲连说："我要让魏国和燕国发兵救赵，而齐国、楚国倒是本来就会帮助他的。"辛垣衍说："燕国么，我想倒会听从您。至于魏国，我就是魏国来的，先生怎么能使魏国帮助赵国呢？"鲁仲连回答："那是因为魏国还没有看到秦国称帝的危害的缘故。如果让魏国了解了这一点，那么他一定会救助赵国的！"

辛垣衍问道："秦国称帝会有什么危害呢？"鲁仲连说："当初齐威王曾施行仁义之政，率领各诸侯国去朝见周天子。当时的周王室又贫穷又衰弱，诸侯们都不去朝见，只有齐国朝见他。过了一年多时间，周烈王死了，各诸侯国都去吊丧，齐国去得晚了。周室很生气，在给齐国的讣告里说：'天子驾崩，如同天地塌陷，新天子都离席亲自守丧。而东蕃齐国的田婴竟敢迟到，按理应该杀掉才是。'齐威王勃然大怒，骂道：'呸！你母亲也不过是个奴婢罢了。'结果成了天下的笑柄。齐威王在周天子活着的时候去朝见他，死后却辱骂他，这是因为忍受不了周室过分的苛求啊！然而做天子的，本来就如此，这并没有什么可大惊小怪的。"

辛垣衍说："先生您难道没有见过奴仆吗？十个仆人跟随一个主子，难道是因为他们的力量和智慧都胜不过吗？不，只是由于惧怕主人罢了！"鲁仲连问："这样说来，魏国和秦国的关系就像是仆人与主子的关系了？"辛垣衍回答："是的。"鲁仲连问："既然如此，那么我就可以让秦王把魏王煮了剁成肉酱！"辛垣衍很不服气地说："咳！先生过分了，您又怎么能让秦王把魏王煮了剁成肉酱呢？"鲁仲连说："当然可以，等我讲给您听。从前，鬼侯、鄂侯、文王三个人是商纣王所封的三个诸侯。鬼侯有个女儿很漂亮，所以就把她送进纣的后宫，

纣却认为她丑陋，就把鬼侯剁成肉酱。鄂侯因为此事极力为鬼侯辩护，所以被纣王杀死后制成了肉干。文王听说后，长声叹息，纣王就把文王囚禁在牖里的牢房里一百天，还要把他置于死地。是什么原因使这些同别人一样称王称帝的人，最后却落到被人制成肉酱、肉干的下场呢？

"齐王准备去鲁国，夷维子驾车随行。问鲁国人：'您打算用什么样的礼节接待我的国君呢？'鲁国人回答：'我们准备用十太牢的规格来款待贵国国君。'夷维子说：'您怎么能用这样的礼节来接待我们的国君呢？我们的国君是天子。天子巡视四方，各诸侯国君都要离开自己的宫室到别处避居，还要交出钥匙，自己提起衣襟，捧着几案，在堂下侍候天子吃饭。天子吃完饭，诸侯才能告退去处理政务。'鲁国人一听这番话，立刻锁门下匙，没有让他们进城。齐王不能进入鲁国，又准备到薛地去，向邹国借路通行。恰巧在这个时候，邹国国君死了。齐王想入城吊丧，夷维子就对邹国的孝子说：'天子来吊丧，主人一定要把灵柩移到相反的方向，在南边设立朝北的灵堂，然后让天子面向南祭吊。'邹国的大臣们说：'如果一定要这么办，我们就只有以死抗争了。'所以，齐王就没有胆量进入邹城。鲁国和邹国的臣子，都很贫寒，生前领不到俸禄，死后又得不到很好的安葬，然而一旦让他们对齐行天子之礼时，他们也都不能接受。

"现在秦国是拥有万辆兵车的大国，魏国也是拥有万辆兵车的大国，彼此都是拥有万辆兵车的大国，相互都有称王的名分，仅仅看到秦国打了一次胜仗，就要尊秦为帝，这样看来，赵、韩、魏三国的大臣还不如邹、鲁二国的大臣啊！况且秦国一旦顺利地实现了他称帝的野心，会马上更换各诸侯国的大臣们。他们将撤换他们认为没有才能的臣子，把职务授与他们认为有才能的人；撤换他们所憎恨的人，把职务授与他们亲近的人。他们还会把他们的女儿和那些妖媚女人配给诸侯充当妃嫔，日夜谗毁。这样的女人进入魏王的王宫里，魏王还能安然地过日子吗？而将军您又怎么能继续像原来那样受宠信呢？"

于是，辛垣衍站起身来，向鲁仲连拜了两拜，道歉说："起初我还以为先生是个平庸之辈，如今我才知道先生是个高人啊！请让我离开这里，我不敢再说尊秦为帝的事了。"秦国的将军听说这件事后，把围困邯郸的部队撤退了五十里。恰巧这时魏国的公子无忌夺取了晋鄙的兵权，率领军队前来援救赵国，进攻秦军。秦军撤退，离开了邯郸。这时，平原君想封赏鲁仲连。鲁仲连再三辞让，始终不肯接受。平原君就摆酒宴款待他。当酒喝得正畅快的时候，平原君站起身来，上前用千金向鲁仲连祝福。鲁仲连笑着说："天下之士所看重的，是替人排除忧患，解除危难，排解纷乱而不收取任何报酬。如果说收取报酬，那就和买卖人没有什么区别了。我鲁仲连不忍心做这样的事。"于是辞别平原君，终生不再见面。

112

四、赵太后新用事

【原文】

赵太后新用事，秦急攻之。赵氏求救于齐。齐曰："必以长安君为质，兵乃出。"太后不肯，大臣强谏。太后明谓左右："有复言令长安君为质者，老妇必唾其面。"

左师触龙言愿见太后。太后盛气而揖之。入而徐趋，至而自谢，曰："老臣病足，曾不能疾走，不得见久矣。窃自恕，而恐太后玉体之有所郄也，故愿望见太后。"太后曰："老妇恃辇而行。"曰："日食饮得无衰乎?"曰："恃粥耳。"曰："老臣今者殊不欲食，乃自强步，日三四里，少益耆食，和于身也。"太后曰："老妇不能。"太后之色少解。

左师公曰："老臣贱息舒祺，最少，不肖。而臣衰，窃爱怜之，愿令得补黑衣之数，以卫王宫，没死以闻。"太后曰："敬诺。年几何矣?"对曰："十五岁矣。虽少，愿及未填沟壑而托之。"太后曰："丈夫亦爱怜其少子乎?"对曰："甚于妇人。"太后笑曰："妇人异甚。"对曰："老臣窃以为媪之爱燕后贤于长安君。"曰："君过矣，不若长安君之甚。"左师公曰："父母之爱子，则为之计深远。媪之送燕后也，持其踵为之泣，念悲其远也，亦哀之矣。已行，非弗思也，祭祀必祝之，祝曰：'必勿使反。'岂非计久长，有子孙相继为王也哉？"太后曰："然。"左师公曰："今三世以前，至于赵之为赵，赵主之子孙侯者，其继有在者乎？"曰："无有。"曰："微独赵，诸侯有在者乎？"曰："老妇不闻也。""此其近者祸及身，远者及其子孙。岂人主之子孙则必不善哉？位尊而无功，奉厚而无劳，而挟重器多也。今媪尊长安君之位，而封之以膏腴之地，多予之重器，而不及今令有功于国。一旦山陵崩，长安君何以自托于赵？老臣以媪为长安君计短也，故以为其爱不若燕后。"太后曰："诺。恣君之所使之。"于是为长安君约车百乘，质于齐，齐兵乃出。

子义闻之曰："人主之子也，骨肉之亲也，犹不能恃无功之尊，无劳之奉，而守金玉之重也，而况人臣乎？"

114

【译文】

赵太后刚刚主持国政，秦国就加紧攻赵。赵国向齐国求救。齐国说："必须让长安君来做人质，才出兵。"赵太后不肯，大臣们都极力劝谏。赵太后明确地告诫左右大臣们："谁要是再提起叫长安君做人质的事，我一定唾到他脸上。"

左师触龙说自己想拜见太后，太后怒气冲冲地等待着他。触龙进宫后小跑上前去，到太后跟前就向她谢罪，说："老臣的脚有毛病，一直无法正常行走，很久没有拜见太后您了。虽然自己原谅自己，但仍然担心太后您的身体欠安，所以希望能拜见一下太后。"赵太后说："我出行都坐车。"触龙问："每天饮食该不会减少吧？"太后说："每天都喝些粥。"触龙说：

"老臣最近很不想吃东西，就勉强散散步，每天走上三四里，渐渐地喜欢吃东西了，身体也舒服了。"太后说："我老太太可不行了。"太后的脸色稍微缓和了些。

左师触龙说："老臣我小儿子叫舒祺，年龄最小，没什么出息。我已经年老体衰了，私下里很疼爱他。我希望他能充当一名王宫卫士，来保卫王宫，冒昧地来求太后。"太后说："好啊。他今年多大了？"触龙答道："十五岁了。虽然年纪尚小，老臣还是想趁着自己没死之前把他托付给您。"太后说："男子汉也疼爱自己的小儿子吧？"触龙答道："比妇人家还厉害。"太后笑着说："妇人家疼爱小儿子才特别厉害呢。"触龙说："老臣私下里还认为您疼爱燕后要超过长安君呢。"太后说："你错了，我疼爱燕后远不如疼爱长安君厉害。"解龙说："为人父母的疼爱子女，就应该替他们做长远打算。您送别燕后时，在车下握着她的脚后跟，为她掉泪，因为您想到她要离家远嫁。这就是爱她啊！燕后走了以后，您并不是不想念她，祭礼时总是要替她祷告说：'千万别叫她回来。'这难道不是替她做长远打算，希望她的子孙世代为王吗？"太后说："正是这样。"

左师触龙问："从现在起，上推到三代以前，甚至推到赵氏立国的时候，赵王子孙被封侯的，他们的后代还有在侯位的吗？"太后答道："没有。"触龙又问："不只是赵国，就是其他诸侯的

子孙，他们的后代还有在侯位的吗？"太后答道："没有听说过。"
触龙就说："这些封君们，有些是自己取祸而亡，有些是祸患
延及子孙而亡。难道说国君的子孙们都不会有好结果吗？只是
因为他们地位尊贵却无功于国，俸禄丰厚但没有为国出力，只
是拥有大量的金玉珍玩而已。现在您使长安君的地位很尊贵，
又封给他肥沃的土地，给他很贵重的金玉珍玩，却不让他趁现
在为国立功。有朝一日太后您不幸去世，长安君将依仗什么在
赵国安身立命呢？老臣认为您替长安君打算得不够长远，所以
说疼爱长安君不如疼爱燕后。"太后说："好吧，那就任凭您
怎样安排他吧！"于是为长安君准备一百辆随行的车辆，送他
到齐国充当人质，齐国这才出兵。

　　子义听说了这件事，感叹道："君主的儿子，是骨肉之亲，
尚且不能倚仗没有功勋的高位，没有劳绩的俸禄，来长期守住
金玉珍玩，更何况是做臣子的呢！"

116

第六卷

魏策

一、乐羊为魏将而攻中山

【原文】

　　乐羊为魏将而攻中山。其子在中山，中山之君烹其子而遗之羹，乐羊坐于幕下而啜之，尽一杯。文侯谓睹师赞曰："乐羊以我之故，食其子之肉。"赞对曰："其子之肉尚食之，其谁不食！"乐羊既罢中山，文侯赏其功而疑其心。

【译文】

　　乐羊是魏国的将领，率兵攻打中山国。当时他的儿子就在中山国内，中山国国君把他的儿子煮成人肉羹送给他。乐羊就坐在军帐内端着肉羹喝了起来，一杯全喝完了。魏文侯对睹师赞说："乐羊为了我，竟吃了自己儿子的肉。"睹师赞却说："连儿子的肉都吃了，还有谁的肉他不敢吃呢！"乐羊攻占中山国之后，魏文侯虽然奖赏了他的战功，却怀疑起他的心地来。

二、魏武侯与诸大夫浮于西河

【原文】

魏武侯与诸大夫浮于西河，称曰："河山之险，岂不亦信固哉！"王钟侍王，曰："此晋国之所以强也。若善修之，则霸王之业具矣。"吴起对曰："吾君之言，危国之道也；而子又附之，是危也。"武侯忿然曰："子之言有说乎？"

吴起对曰："河山之险，信不足保也；是伯王之业，不从此也。昔者三苗之居，左彭蠡之波，右有洞庭之水，文山在其南，而衡山在其北。恃此险也，为政不善，而禹放逐之。夫夏桀之国，左天门之阴，而右天溪之阳，庐、峄在其北，伊、洛出其南。有此险也，然为政不善，而汤伐之。殷纣之国，左孟门而右漳、釜，前带河，后被山。有此险也，然为政不善，而武王伐之。且君亲从臣而胜降城，城非不高也，人民非不众也，然而可得并者，政恶故也。从是观之，地形险阻，奚足以霸王矣！"

武侯曰："善。吾乃今日闻圣人之言也！西河之政，专委之子矣。"

【译文】

魏武侯和诸位大夫乘船在西河上游玩，魏武侯赞叹道："河山这样的险峻，边防难道不是很坚固吗！"大夫王钟在旁边陪坐，说："这就是晋国强大的原因。如果再好好修整一下关隘，那么就有了霸王之业了。"吴起回答说："我们君主的话，是危国言论；可是你又来附和，这就更加危险了。"

武侯很气愤地说："你这话是什么道理？"吴起回答说："河山之险是不能依靠的，霸业从不在河山险要处产生。过去三苗居住的地方，左有彭蠡湖，右有洞庭湖，文山居南面，衡山处北面。虽然有这些天险依仗，可是政事治理不好，结果大禹赶走了他们。夏桀的国家，左面是天门，右边是天溪，庐山和峰山在北部，伊水、洛水流经它的南面。有这样的天险，但是没有治理好国政，结果被商汤攻破了。殷纣的国家，左边有孟门山，右边有漳水和滏水，前面对着黄河，后面靠着山。虽有这样的天险，然而国家治理不好，遭到周武王的讨伐。再说您曾经亲自率领我们占领、攻陷了多少城邑，那些城的墙不是不高，人不是不多，然而能够攻破它们，那还不是因

为他们政治腐败的缘故吗？由此看来，靠着地形险峻，怎么能成就霸业呢？"

武侯说："好。我今天终于听到圣人之言了！西河的政务，就全托付给您了。"

三、张仪为秦连横

【原文】

张仪为秦连横，说魏王曰："魏地方不至千里，卒不过三十万人。地四平，诸侯四通，条达辐凑，无有名山大川之阻。从郑至梁，不过百里；从陈至梁，二百余里。马驰人趋，不待倦而至梁。南与楚境，西与韩境，北与赵境，东与齐境，卒戍四方。守亭障者参列。粟粮漕庾，不下十万。魏之地势，故战场也。魏南与楚而不与齐，则齐攻其东；东与齐而不与赵，则赵攻其北；不合于韩，则韩攻其西；不亲于楚，则楚攻其南。此所谓四分五裂之道也。

且夫诸侯之为从者，以安社稷、尊主、强兵、显名也。合从者，一天下，约为兄弟，刑白马以盟于洹水之上，以相坚也。夫亲昆弟，同父母，尚有争钱财。而欲恃诈伪反覆苏秦之余谋，其不可以成亦明矣。

大王不事秦，秦下兵攻河外，拔卷、衍、燕、酸枣，劫卫取晋阳，则赵不南；赵不南则魏不北，魏不北，则从道绝。从道绝，则大王之国欲求无危，不可得也。秦挟韩而攻魏，韩劫

于秦，不敢不听。秦、韩为一国，魏之亡可立而须也，此臣之所以为大王患也。为大王计，莫如事秦，事秦则楚、韩必不敢动；无楚、韩之患，则大王高枕而卧，国必无忧矣。

且夫秦之所欲弱莫如楚，而能弱楚者莫若魏。楚虽有富大之名，其实空虚；其卒虽众，多言而轻走，易北，不敢坚战。魏之兵南面而伐，胜楚必矣。夫亏楚而益魏，攻楚而适秦，内嫁祸安国，此善事也。大王不听臣，秦甲出而东，虽欲事秦而不可得也。

且夫从人多奋辞而寡可信，说一诸侯之王，出而乘其车；约一国而反，成而封侯之基。是故天下之游士，莫不日夜搤腕、瞋目、切齿以言从之便，以说人主。人主览其辞，牵其说，恶得无眩哉？臣闻积羽沉舟，群轻折轴，众口铄金，故愿大王之熟计之也。"

魏王曰："寡人蠢愚，前计失之。请称东藩，筑帝宫，受冠带，祠春秋，效河外。"

【译文】

张仪为秦国组织连横阵营，去游说魏王说："魏国的领土方圆不到一千里，士兵不超过三十万人。四周地势平坦，与四方诸侯交通便利，犹如车轮辐条都集聚在车轴上一般，更没有名山大河的阻隔。从郑国到魏国，不过百来里；从陈国到魏国，也只有二百余里。人奔马跑，等不到疲倦就到了魏国。南边与楚国接壤，西边是韩国，北边是赵国，东边与齐国相邻，魏国士兵要守卫四方边界。守境的小亭和屏障接连排列。运粮的河

122

道和储米的粮仓，不少于十万。魏国的地势，原本就是四战之地。如果魏国向南亲近楚国而不亲近齐国，那齐国就会进攻你们的东面；向东亲附齐国而不亲附赵国，那赵国就会由北面来进攻你们；不和韩国联合，那么韩国就会攻打你们西面；不和楚国亲善，那南面就会危险了。这就是人们所说的四分五裂的地理位置。

"再说诸侯组织合纵阵线，说是为了使社稷安定，君主尊贵，兵力强大，名声显赫。现在合纵的国家想要联合诸侯，结为兄弟，在洹水之滨宰杀白马，歃血为盟，以示坚守信约。然而同一父母所生的亲兄弟，尚且还有争夺钱财的。而您却想依靠欺诈虚伪、反复无常的苏秦所残留的计策，这明显不可能成功。如果大王不臣服于秦国，秦国将发兵进攻河外，占领卷、衍、燕、酸枣等地，胁迫卫国夺取晋阳，那么赵国就不能南下支援魏国；赵国不能南下，那么魏国也就不能北上联合赵国；魏国不能联络赵国，那么合纵的通道就断绝了。合纵的通道一断，那么大王的国家再想不危险就不可能了。再有，秦国若是挟制韩国来攻打魏国，韩国迫于秦国的压力，一定不敢不听从。秦韩结为一体，那魏国灭亡之期就不远了，这就是我为大王担心的原因。我替大王考虑，不如归顺秦国，归顺了秦国，那么楚韩必定不敢轻举妄动；没了楚韩的侵扰，大王就可以高枕无忧了，国家也一定不会有忧患了。

"再说，秦国想要削弱的莫过于楚国，而能抑制楚国的又莫不过魏国。楚国虽然有富足强大的名声，但实际上很空虚；他的士兵虽然多，但大部分容易逃跑败退，不敢打硬仗；如果

123

出动魏国军队向南讨伐，必定能战胜楚国。这样看来，让楚国吃亏而魏国得到好处，攻打楚国取悦秦国，把灾祸转嫁给别人，安定国家，这可是件大好事啊。大王如果不听我的意见，秦兵出动，即使想归顺也不可能了。而且主张合纵的人大都夸大其辞、不可信赖，他们游说一个君主，出来就乘坐那个君主赏赐给他的车子，联合一个诸侯成功返回故国，就有了封侯的资本。所以天下游说之士，没有不每天都捏着手腕，瞪着眼睛，咬牙切齿地高谈阔论合纵的好处，以博得君王的欢心。君王们接受他们的巧辩，被他们的空话牵动，怎能不头昏目眩呢？我听说羽毛多了也可以压沉船只，轻的东西装多了也可以压断车轴，众口一词足以熔化金属，所以请大王仔细考虑这个问题。"

魏王说："我太愚蠢，以前的策略错了。我愿意做秦国东方的藩臣，给秦王修建行宫，接受秦国的封赏，春秋两季贡献祭品，并献上河外的土地。"

四、庞葱与太子质于邯郸

【原文】

庞葱与太子质于邯郸，谓魏王曰："今一人言市有虎，王信之乎？"王曰："否。""二人言市有虎，王信之乎？"王曰："寡人疑之矣。""三人言市有虎，王信之乎？"王曰："寡人信之矣。"庞葱曰："夫市之无虎明矣，然而三人言而成虎。今邯郸去大梁也远于市，而议臣者过于三人矣。愿王察之矣。"王曰："寡人自为知。"于是辞行，而谗言先至。后太子罢质，果不得见。

125

【译文】

魏国大臣庞葱要陪太子到邯郸去做人质，庞葱对魏王说："现在，如果有一个人说街市上有老虎，您相信吗"魏王说："不相信。"庞葱说："如果是两个人说呢？"魏王说："那我就要疑惑了。"庞葱又说："如果增加到三个人呢，大王相信吗？"魏王说："我相信了。"庞葱说："街市上不会有老虎那是很清楚的，但是三个人说有老虎，就像真有老虎了。如今邯郸离大梁，比我们到街市远得多，而毁谤我的人超过了三个。希望您能明察秋毫。"魏王说："我知道该怎么办。"于是庞葱告辞而去，而毁谤他的话很快传到魏王那里。后来太子结束了人质的生活，庞葱果真再也没有受到召见。

五、信陵君杀晋鄙

【原文】

信陵君杀晋鄙，救邯郸，破秦人，存赵国，赵王自郊迎。

唐且谓信陵君曰："臣闻之曰，事有不可知者，有不可不知者；有不可忘者，有不可不忘者。"信陵君曰："何谓也?"对曰："人之憎我也，不可不知也；吾憎人也，不可得而知也。

人之有德于我也，不可忘也；吾有德于人也，不可不忘也。今君杀晋鄙，救邯郸，破秦人，存赵国，此大德也。今赵王自郊迎，卒然见赵王，臣愿君之忘之也。"信陵君曰："无忌谨受教。"

【译文】

信陵君杀死晋鄙，救援邯郸，击破秦兵，保住赵国，赵孝成王亲自到郊外迎接他。唐且对信陵君说："我听人说：'事情有不可以让人知道的，有不可以不知道的；有不可以忘记的，有不可以不忘记的。'"信陵君说："你说的是什么意思呢？"

唐雎回答说："别人厌恨我，不可不知道；我厌恨人家，又不可以让人知道。别人对我有恩德，不可以忘记；我对人家有恩德，不可以不忘记。如今您杀了晋鄙，救了邯郸，破了秦兵，保住了赵国，这对赵王是很大的恩德啊，现在赵王亲自到郊外迎接您，我们仓促拜见赵王，我希望您能忘记救赵的事情。"

信陵君说："无忌我谨遵你的教诲。"

127

六、秦王使人谓安陵君

【原文】

　　秦王使人谓安陵君曰："寡人欲以五百里之地易安陵，安陵君其许寡人。"安陵君曰："大王加惠，以大易小，甚善。虽然，受地于先王，愿终守之，弗敢易。"秦王不说。安陵君因使唐且使于秦。秦王谓唐且曰："寡人以五百里之地易安陵，安陵君不听寡人，何也？且秦灭韩亡魏，而君以五十里之地存者，以君为长者，故不错意也。今吾以十倍之地请广于君，而君逆寡人者，轻寡人与？"唐且对曰："否，非若是也。安陵君受地于先王而守之，虽千里不敢易也，岂直五百里哉？"秦王怫然怒，谓唐且曰："公亦尝闻天子之怒乎？"唐且对曰："臣未尝闻也。"秦王曰："天子之怒，伏尸百万，流血千里。"唐且曰："大王尝闻布衣之怒乎？"秦王曰："布衣之怒，亦免冠徒跣，以头抢地尔。"唐且曰："此庸夫之怒也，非士之怒也。夫专诸之刺王僚也，彗星袭月；聂政之刺韩傀也，白虹贯日；要离之刺庆忌也，苍鹰击于殿上。此三子者，皆布衣之士也，怀怒未发，休祲降于天，与臣而将四矣。若士必怒，伏尸二人，流血五步，天下缟素，今日是也。"挺剑而起。秦王色挠，长跪而谢之曰："先生坐，何至于此！寡人谕矣。夫韩、魏灭亡，而安陵以五十里之地存者，徒以有先生也。"

【译文】

秦王（即始皇）派使者对安陵君说："我想用方圆五百里的土地换取安陵，安陵君可要答应我！"安陵君说："大王施加恩惠，以大换小，这非常好。但是我是从先王那里继承的这块土地，希望始终守着它，不敢换掉。"秦王很不高兴。安陵君因此派唐雎出使秦国。

秦王对唐雎说："我拿五百里的土地换取安陵，安陵君不答应我，这是为什么？秦国消灭了韩国和魏国，只有安陵君凭着五十里的土地生存下来，那是因为我认为他是忠厚长者，所以没有把他放在心上。如今我拿十倍的土地希望同安陵君交换，他却违抗我，不是看不起我吗？"唐雎说："不，不是这样的。安陵君从先王手里继承了封地并保有它，即使一千里也是不敢换掉的，何况只是五百里？"

秦王勃然大怒，对唐雎说："您可听说过天子发怒吗？"唐雎说："我没听说过。"秦王说："天子发怒，伏尸百万，流血千里！"唐雎说："大王听说过平民发怒吗？"秦王说："平民发怒，不过是摘下帽子，光着脚，拿脑袋撞地罢了。"唐雎说："这是庸人发怒，不是士人发怒。专诸刺杀王僚时，彗星遮盖了月亮；聂政刺杀韩傀时，白虹穿过了太阳；要离刺杀庆忌时，苍鹰在宫殿上扑击。这三个人，都是平民中的士人，满腔的怒气还没有发泄出来，预兆就从天而降，加上我就是四个人了。所以士人要发怒，两具尸首就要倒下，五步之内鲜血四溅，天下人穿白戴孝，今天就要这样了。"说着便拔出剑站了起来。

秦王脸色大变，挺起身跪着向唐雎道歉说："先生坐下！何至于这样呢？我明白了：韩国、魏国灭亡，可是安陵凭着五十里土地安然无事，只因为有先生在啊。"

130

第七卷

韩策

一、苏秦为楚合从说韩王

【原文】

苏秦为楚合从，说韩王曰："韩北有巩、洛、成皋之固，西有宜阳、常阪之塞，东有宛、穰、洧水，南有陉山，地方千里，带甲数十万。天下之强弓劲弩，皆自韩出。溪子、少府、时力、距来，皆射六百步之外。韩卒超足百射，百发不暇止，远者达胸，近者掩心。韩卒之剑戟，皆出于冥山、棠溪、墨阳、合伯膊。邓师、宛冯、龙渊、大阿，皆陆断马牛，水击鹄雁，当敌即斩坚。甲、盾、鞮、鍪、铁幕、革抉、咙芮，无不毕具。以韩卒之勇，被坚甲，跖劲弩，带利剑，一人当百，不足言也。夫以韩之劲，与大王之贤，乃欲西面事秦，称东藩，筑帝宫，受冠带，祠春秋，交臂而服焉，夫羞社稷而为天下笑，无过此者矣。是故愿大王之熟计之也。

"大王事秦，秦必求宜阳、成皋。今兹效之，明年又益求割地。与之，即无地以给之；不与，则弃前功而后更受其祸。且夫大王之地有尽，而秦之求无已。夫以有尽之地而逆无已之求，此所谓市怨而买祸者也，不战而地已削矣。臣闻鄙语曰：'宁

为鸡口，无为牛后。'今大王西面交臂而臣事秦，何以异于牛后乎？夫以大王之贤，挟强韩之兵，而有牛后之名，臣窃为大王羞之。"

韩王忿然作色，攘臂按剑，仰天太息曰："寡人虽死，必不能事秦。今主君以楚王之教诏之，敬奉社稷以从。"

【译文】

苏秦为楚国（似应为赵国）组织合纵联盟，游说韩王说："韩国北面有巩地、洛邑、成皋这样坚固的边城，西面有宜阳、常阪这样险要的关塞，东面有宛地、穰地和洧水，南面有陉山，土地纵横千里，士兵几十万。普天之下的强弓劲弩，都是韩国的产物，比如溪子和少府、时力和距来这些良弓都能射到六百步以外。韩国士兵举足踏地发射，连续发射多次也不停歇，远处的可射中胸膛，近处可射穿心脏。韩国士兵使用的剑和戟都出自冥山、棠溪、墨阳、合伯等地。邓师、宛冯、龙渊、大阿等宝剑，在陆地上都能砍杀牛马，在水里截击天鹅和大雁，面对敌人可击溃强敌。至于说铠甲、头盔、臂衣、扳指、系盾的丝带等，韩国更是无不具备。凭着韩国士兵的勇敢，穿上坚固的铠甲，脚踏强劲的弩弓，佩戴锋利的宝剑，一个人抵挡上百人，不在话下。凭着韩国的强大和大王您的贤明，竟然想要投向西方服侍秦国，自称是秦国东方的属国，给秦王修筑行宫，接受封赏，春秋两季向秦进贡祭品，拱手臣服，使整个国家蒙受耻辱以致被天下人耻笑，没有比这更严重的问题了。所以希望大王您认真考虑这个问题。

　　"大王如果屈服于秦国，秦一定会索取宜阳、成皋。今年把土地献给他，明年又会得寸进尺，要求更多的土地。给他吧，又没有那么多来满足他；不给吧，就前功尽弃，以后遭受秦国侵害。况且大王的土地有穷尽，而秦国的贪欲却没有止境。拿着有限的土地去迎合那无止境的贪欲，这就是说自己去购买怨恨和灾祸啊，用不着交战就会丧失领土。我听俗语说：'宁肯当鸡嘴，也不要做牛尾。'现在大王您如果投向西方，拱手屈服，像臣子一样服从秦国，这跟做牛尾又有什么区别呢？以大王您的贤能，又拥有这么强大的军队，却有做牛尾的丑名，我私下里为您感到惭愧。"

　　韩王气得脸色大变，挥起胳膊，按住手中的宝剑，仰天叹息："我就算是死了，也不屈服于秦国。现在多亏先生把楚王的教诲告诉我，请允许我让全国听从吩咐。"

二、张仪为秦连横说韩王曰

【原文】

张仪为秦连横说韩王曰："韩地险恶，山居，五谷所生，非麦而豆；民之所食，大抵豆饭藿羹；一岁不收，民不厌糟糠；地方不满九百里，无二岁之所食。料大王之卒，悉之不过三十万，而厮徒负养在其中矣，为除守徼亭鄣塞，见卒不过二十万而已矣。秦带甲百余万，车千乘，骑万匹，虎挚之士，跿跔科头，贯颐奋戟者，至不可胜计也。秦马之良，戎兵之众，探前趹后，蹄间三寻者，不可称数也。山东之卒，被甲冒胄以会战，秦人捐甲徒裎以趋敌，左挈人头，右挟生虏。夫秦卒之与山东之卒也，犹孟贲之与怯夫也；以重力相压，犹乌获之与婴儿也。夫战孟贲、乌获之士，以攻不服之弱国，无以异于堕千钧之重，集于鸟卵之上，必无幸矣。诸侯不料兵之弱，食之寡，而听从人之甘言好辞，比周以相饰也，皆言曰：'听吾计则可以强霸天下。'夫不顾社稷之长利，而听须臾之说，诖误人主者，无过于此者矣。大王不事秦，秦下甲据宜阳，断绝韩之上地；东取成皋、宜阳，则鸿名之宫，桑林之苑，非王之有已。夫塞成皋，绝上地，则王之国分矣。先事秦则安矣，不事秦则危矣。

夫造祸而求福，计浅而怨深。逆秦而顺楚，虽欲无亡，不可得也。故为大王计，莫如事秦。秦之所欲，莫如弱楚，而能弱楚者莫如韩。非以韩能强于楚也，其地势然也。今王西面而事秦以攻楚，为敝邑，秦王必喜。夫攻楚而私其地，转祸而说秦，计无便于此者也。是故秦王使使臣献书大王御史，须以决事。"

韩王曰："客幸而教之，请比郡县，筑帝宫，祠春秋，称东藩，效宜阳。"

【译文】

张仪为秦国组织连横阵营游说韩王说："韩国地势险恶，处于山区，出产的粮食不是麦子就是豆子；老百姓吃的，大部分是豆饭和豆叶汤；如果哪一年收成不好，百姓就连糟糠都吃不饱。土地纵横不到九百里，粮食储备也不够吃两年。估计大王的兵力总共不到三十万，其中连杂役和苦力也算在内了，如果除去守卫边境哨所的人，现有的士兵不过二十万罢了。而秦国的军队有百余万，战车千辆，战马万匹。勇猛的士兵，奔腾跳跃，高擎战戟，甚至不带铠甲就能冲入敌阵的战士不可胜数。秦国战马优良，士兵众多。战马探起前蹄蹬起后腿，两蹄之间一跃可达三寻，这样的战马不在少数。崤山以东的诸侯军队，披盔戴甲来会战，秦军却可以不穿铠甲赤身冲锋上阵，左手提着人头，右手抓着俘虏凯旋而归。由此可见，秦国的士兵与山东六国的士兵相比，犹如勇士孟贲和懦夫相比；用重兵压服六国，就像大力士乌获对付婴儿一般容易。用孟贲和乌获这样的勇士去攻打不服的弱国，无异于把千钧重量压在鸟蛋上，肯定无一幸免。

"各国诸侯根本不考虑自己兵力弱、粮食少的现状，却听信鼓吹合纵者的甜言蜜语，合纵家们互相勾结，标榜欺骗，都说：'听从我的计谋就可以雄霸天下了。'却并不顾及国家的长远利益，只听信一时的空话，贻误君主的，莫过于此了。大王如果不归顺秦国，秦必定发兵占领宜阳，断绝韩国上党的交通；东进夺取成皋和宜阳，那大王就将失去鸿台宫、桑林苑。秦军封锁成皋、截断上党，那大王的国土岂不是被分割开来了？先归顺秦国就能安全，否则就会招来祸患。

"制造灾祸却又想得到好报，这是计谋浅陋而结怨太深。违背秦国去顺从楚国的做法，想不灭亡都不可能。所以替大王您考虑，不如归顺秦国。秦国所希望的，不过是削弱楚国，而能使楚国削弱的，莫过于韩国了。不是因为韩国比楚国强大，而是韩国在地势上占有优势。如今大王可到西方归服秦国，为敝国攻打楚国，秦王一定会很高兴。这样，攻打楚国而占有他的土地，不但转祸为福，而且取悦了秦王，没有比这更有利的计策了。因此秦王派使臣献书信一封给大王的御史，但愿大王能有明智的裁决。"

韩王说："有幸承您的教诲，请让韩国做秦国的一个郡县，修建秦王行宫，春秋致祭，作东方的藩臣，并将宜阳献给秦国。"

137

三、秦韩战于浊泽

【原文】

秦、韩战于浊泽，韩氏急。公仲朋谓韩王曰："与国不可恃。今秦之心欲伐楚，王不如因张仪为和于秦，赂之以一名都，与之伐楚。此以一易二之计也。"韩王曰："善。"乃儆公仲之行，将西讲于秦。

楚王闻之大恐，召陈轸而告之。陈轸曰："秦之欲伐我久矣，今又得韩之名都一而具甲，秦、韩并兵南乡，此秦所以庙祠而求也。今已得之矣，楚国必伐矣。王听臣，为之儆四境之内，选师，言救韩，令战车满道路；发信臣，多其车，重其币，使信王之救己也。纵韩为不能听我，韩必德王也，必不为雁行以来。是秦、韩不和，兵虽至，楚国不大病矣。为能听我绝和于秦，秦必大怒，以厚怨于韩。韩得楚救，必轻秦。轻秦，其应秦必不敬。是我困秦、韩之兵，而免楚国之患也。"楚王大说，

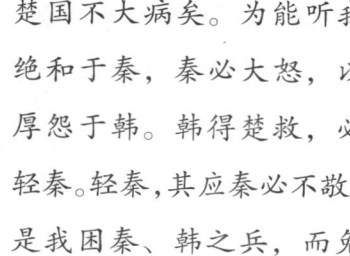

乃儆四境之内选师，言救韩，发信臣，多其车，重其币。谓韩王曰："敝邑虽小，已悉起之矣。愿大国遂肆意于秦，敝邑将以楚殉韩。"

韩王大说，乃止公仲。公仲曰："不可，夫以实告我者，秦也；以虚名救我者，楚也。恃楚之虚名，轻绝强秦之敌，必为天下笑矣。且楚、韩非兄弟之国也，又非素约而谋伐秦矣。秦欲伐楚，楚因以起师言救韩，此必陈轸之谋也。且王以使人报于秦矣，今弗行，是欺秦也。夫轻强秦之祸，而信楚之谋臣，王必悔之矣。"韩王弗听，遂绝和于秦。秦果大怒，兴师与韩氏战于岸门，楚救不至，韩氏大败。

韩氏之兵非削弱也，民非蒙愚也，兵为秦禽，智为楚笑，过听于陈轸，失计于韩朋也。

【译文】

秦韩两国在浊泽交战，韩国告急。公仲朋对韩王说："盟国不能依靠。现在秦国的意图是要攻打楚国。大王不如通过张仪同秦国讲和，送给他一座大城市，同秦国一起攻打楚国。这是以一换二的计策。"韩王说："好。"于是就为公仲朋出行做准备，将到西方同秦国讲和。

楚王听此消息，大为恐慌，马上召见陈轸。陈轸说："秦国想攻伐我国已经很久了，如今又得到韩国一座大城市，增加了兵饷，秦韩两国合兵向南，秦国多年梦寐以求的事今天已经实现了，楚国必然会被进攻。大王听我的意见：在全国实行戒严，挑选军队声言援救韩国，让战车布满道路，派遣使者，增

加使者的车辆，加重使者的聘礼，使韩国相信大王是在救他。纵使韩国不能相信我们，一定也会感激大王，绝不会联兵而来。这样秦韩两国不和，秦兵虽然来到，楚国不会遭受大的损失。韩国如果能够听从我们，同秦国决裂，秦国必然大怒，因而痛恨韩国。韩国得到楚国的援救，一定会轻视秦国；轻视秦国，他应付秦国一定不恭敬。这样我们便可以使秦韩两国的军队疲惫不堪，从而解除楚国的忧患。"

楚王非常高兴，便在全国范围内实行戒严，挑选军队声言援救韩国，派遣使者，增加使者的车辆，加重使者的聘礼。让使者对韩王说："敝国虽小，但已经全部动员起来了，希望贵国随心所欲地对付秦国，敝国对韩国将不惜牺牲一切地进行帮助。"

韩王十分高兴，便停止公仲朋使秦。公仲朋说："不行。采取行动使我们吃苦头的是秦国，用虚假的名义来援救我们的是楚国。倚仗楚国的虚名，轻易停止同强秦这样的敌人讲和，一定会被天下人耻笑了。何况楚韩两国不是兄弟国家，又不是预先约定共谋攻打秦国的，情况是秦国要攻打楚国，楚国这才发兵声言援救韩国，这一定是陈轸的阴谋。再说大王已经派人通知秦国了，如今使者不去，是欺骗秦国。忽视强秦的灾祸，却听信楚国的谋臣，大王一定会后悔的。"韩王不听从，就同秦国停止讲和。秦国果然大怒，发兵与韩国交战于岸门。楚国的救兵不到，韩国大败。韩国的军队并不弱小，人民并不愚昧，可是军队被秦国俘获，谋略被楚国耻笑，是因为错误地听信了陈轸，没有采纳公仲朋的计策。

四、楚围雍氏五月

【原文】

楚围雍氏五月。韩令使者求救于秦，冠盖相望也，秦师不下崤。韩又令尚靳使秦，谓秦王曰："韩之于秦也，居为隐蔽，出为雁行。今韩已病矣，秦师不下崤。臣闻之，唇揭者齿寒，愿大王之熟计之。"宣太后曰："使者来者众矣，独尚子之言是。"召尚子入。宣太后谓尚子曰："妾事先王也，先王以其髀加妾之身，妾困不支也；尽置其身妾之上，而妾弗重也，何也？以其少有利焉。今佐韩，兵不众，粮不多，则不足以救韩。夫救韩之危，日费千金，独不可使妾少有利焉。"

尚靳归书报韩王，韩王遣张翠。张翠称病，日行一县。张翠至，甘茂曰："韩急矣，先生病而来。"张翠曰："韩未急也，且急矣。"甘茂曰："秦重国知王也，韩之急缓莫不知。今先生言不急，可乎？"张翠曰："韩急则折而入与楚矣，臣安敢来？"甘茂曰："先生毋复言也。"

甘茂人言秦王曰："公仲柄得秦师，故敢捍楚。今雍氏围，而秦师不下崤，是无韩也。公仲抑首而不朝，公叔且以国南合于楚。楚、韩为一，魏氏不敢不听，是楚以三国谋秦也。如此，

则伐秦之形成矣。不识坐而待伐，孰与伐人之利？"秦王曰："善。"果下师于崤以救韩。

【译文】

楚军包围了韩国雍氏城长达五个月。韩襄王派众多使者向秦国求救，使者车辆络绎不绝、冠盖相望于道，秦国的军队还是不出崤山来援救韩国。韩国又派尚靳出使秦国，对秦昭王说："韩国对于秦国来说，平时就像个屏障，有战事时就是先锋。现在韩国万分危急，但秦国不派兵相救。我听说过这样的话，'唇亡齿寒'，希望大王您仔细考虑这个问题。"

秦宣太后说："韩国的使者来了那么多，只有尚先生的话说得有道理。"于是召尚靳进见。宣太后对尚靳说："我服侍惠王时，惠王把大腿压在我身上，我感到疲倦不能支撑，他把整个身子都压在我身上时，而我却不感觉重，这是为什么呢？因为这样对我来说比较舒服。秦国帮助韩国，如果兵力不足，粮食不多，就无法解救韩国。解救韩国的危难，每天要耗费数以千计的银两，难道不能让我得到一点好处吗？"

尚靳回国把宣太后的话告诉了韩襄王，韩襄王又派张翠出使秦国。张翠假称自己有病，每天只走一个县。张翠到了秦国，甘茂说："韩国已经很危急了，而先生还抱病前来。"张翠说："韩国还没有到危急的时刻，只是快要危急了而已。"甘茂说："秦国大君明，韩国的危急之事秦国没有不知道的。现在先生却说韩国并不危急，这样行吗？"张翠说："韩国一旦危急就转向归顺楚国了，我怎么还敢来秦国？"甘茂说："先生不要再说了。"

　　甘茂进宫对秦昭王说："公仲以为能够得到秦国的援助，所以才敢抵御楚国。现在雍氏被围攻，而秦军不肯去援救，这就势必要失去韩国。公仲因为得不到秦国的援救而忧郁不上朝，公叔就会趁机让韩国向南去跟楚国讲和。楚国和韩国结为一体，魏国就不敢不听从，这样一来楚国就可以用这三个国家的力量来图谋秦国。这样，他们共同进攻秦国的形势就形成了。我不知坐等别人来进攻有利，还是主动进攻别人有利？"秦昭王说："不错。"秦军终于从崤山出兵去解救韩国。楚国很快从韩国撤军了。

五、韩傀相韩

【原文】

　　韩傀相韩，严遂重于君，二人相害也。严遂政议直指，举韩傀之过。韩傀以之叱之于朝。严遂拔剑趋之，以救解。于是严遂惧诛，亡去游，求人可以报韩傀者。

　　至齐，齐人或言：“轵深井里聂政，勇敢士也，避仇隐于屠者之间。”严遂阴交于聂政，以意厚之。聂政问曰：“子欲安用我乎？”严遂曰：“吾得为役之日浅，事今薄，奚敢有请？”于是严遂乃具酒，觞聂政母前。仲子奉黄金百镒，前为聂政母寿。聂政惊，愈怪其厚，固谢严仲子。仲子固进，而聂政谢曰：“臣有老母，家贫，客游以为狗屠，可旦夕得甘脆以养亲。亲供养备，义不敢当仲子之赐。”严仲子辟人，因为聂政语曰：“臣有仇，而行游诸侯众矣。然至齐，闻足下义甚高，故直进百金者，特以为夫人粗粝之费，以交足下之欢，岂敢以有求邪？”聂政曰：“臣所以降志辱身，居市井者，徒幸而养老母。老母在，政身未敢以许人也。”严仲子固让，聂政竟不肯受。然仲子卒备宾主之礼而去。

　　久之，聂政母死，既葬，除服。聂政曰：“嗟乎！政乃市井之人，鼓刀以屠，而严仲子乃诸侯卿相也，不远千里，枉车骑而交臣，臣之所以待之至浅鲜矣，未有大功可以称者，而严仲子举百金为亲寿，我虽不受，然是深知政也。夫贤者以感忿睚眦之意，而亲信穷僻之人，而政独安可嘿然而止乎？且前日要政，政徒以老母。老母今以天年终，政将为知己者用。"

遂西至濮阳，见严仲子曰："前所以不许仲子者，徒以亲在。今亲不幸，仲子所欲报仇者为谁？"严仲子具告曰："臣之仇韩相傀。傀又韩君之季父也，宗族盛，兵卫设，臣使人刺之，终莫能就。今足下幸而不弃，请益具车骑壮士，以为羽翼。"政曰："韩与卫，中间不远，今杀人之相，相又国君之亲，此其势不可以多人。多人不能无生得失，生得失则语泄，语泄则韩举国而与仲子为仇也，岂不殆哉！"遂谢车骑人徒，辞，独行仗剑至韩。

韩适有东孟之会，韩王及相皆在焉，持兵戟而卫者甚众。聂政直入，上阶刺韩傀。韩傀走而抱哀侯，聂政刺之，兼中哀侯，左右大乱。聂政大呼，所杀者数十人。因自皮面抉眼，自屠出肠，遂以死。韩取聂政尸于市，县购之千金。久之莫知谁子。

政姊闻之，曰："弟至贤，不可爱妾之躯，灭吾弟之名，非弟意也。"乃之韩。视之曰："勇哉！气矜之隆。是其轶贲、育而高成荆矣。今死而无名，父母既殁矣，兄弟无有，此为我故也。夫爱身不扬弟之名，吾不忍也。"乃抱尸而哭之曰："此吾弟轵深井里聂政也。"亦自杀于尸下。

晋、楚、齐、卫闻之曰："非独政之能，乃其姊者，亦列女也。聂政之所以名施于后世者，其姊不避菹醢之诛，以扬其名也。"

【译文】

　　韩傀作韩国的国相，严遂也受到韩哀侯的器重，因此两人相互忌恨。严遂敢于公正地发表议论，曾直言不讳地指责韩傀的过失。韩傀因此在韩廷上怒斥严遂，严遂气得拔剑直刺韩傀，幸而有人阻止才得以和解。此后，严遂担心韩傀报复，就逃出韩国，游历国外，四处寻找可以向韩傀报仇的人。严遂来到齐国，有人对他说："轵地深井里的聂政，是个勇敢的侠士，因为躲避仇人才混迹在屠户中间。"严遂就和聂政暗中交往，以深情厚谊相待。

　　聂政问严遂："您想让我干什么呢？"严遂说："我为您效劳的时间还不长，我们的交情还这样薄，怎么敢对您有所求呢？"于是，严遂就备办了酒席向聂政母亲敬酒，又拿出百镒黄金，为聂政母亲祝寿。聂政大为震惊，越发奇怪他何以厚礼相待，就坚决辞谢严遂的赠金，但严遂坚决要送。聂政就推辞说："我家有老母，生活贫寒，只得离乡背井，做个杀狗的屠夫，现在我能够早晚买些甜美香软的食物来奉养母亲，母亲的供养已经齐备了，不敢再接受您的赏赐。"严遂避开周围的人，告诉聂政："我有仇要报，曾游访过很多诸侯国。我来到齐国，听说您很讲义气，所以特地送上百金，只是想作为老夫人粗茶淡饭的费用罢了，同时也让您感到高兴，哪里敢有什么请求呢？"聂政说："我所以降低志向，辱没身份，隐居于市井之中，只是为了奉养老母。只要老母还活着，我的生命就不敢轻易托付给别人。"严遂坚持让聂政收下赠金，聂政始终不肯接受。然

146

而严遂还是尽了宾主之礼才离开。

过了很久，聂政的母亲去世了，聂政守孝期满，脱去丧服，感叹地说："唉！我不过是市井平民，动刀杀狗的屠夫，而严遂却是诸侯的卿相。他不远千里，屈驾前来与我结交，我对他太薄情了，没有做出什么可以和他待我相称的事情来，而他却拿百金为我母亲祝寿，我虽然没有接受，但这表明他很赏识我聂政啊。贤德的人因为心中的激愤而来亲近穷乡僻壤的人，我怎么能够默然不动呢？再说以前他邀请我，我因母亲还健在，就拒绝了他。如今母亲已享尽天年，我要去为赏识我的人效力了！"

于是聂政往西到了濮阳，见到严遂时说："以前之所以没有答应您，只是因为母亲还在，如今老母不幸谢世。请问您想报仇的人是谁？"严遂将情况一一告诉聂政："我的仇人是韩国国相韩傀，他又是韩哀侯的叔父。家族很六，守卫设置严密，我曾派人刺杀他，始终没能成功。如今兄弟幸而没有丢下我，让我为你多准备些车马和壮士作为你的助手。"聂政说："韩国和卫国相隔不远，如今去刺杀韩国的相国，他又是韩侯至亲，这种情况下势必不能多带人去。人多了不能不出差错，出了差错就难免会泄露机密，泄露了机密就会使韩国上下与你为敌，那岂不是太危险了吗？"于是聂政谢绝了车马和随从，只身一人到了韩国。

正好韩国在东孟举行盛会，韩侯和相国都在那里，他们身边守卫众多。聂政直冲上台阶刺杀韩傀，韩傀边逃边抱住韩哀侯。聂政再刺韩傀，同时也刺中韩哀侯，左右的人一片混乱。聂政大吼一声冲上去，杀死了几十人，随后自己用剑划破脸皮，

挖出眼珠，又割腹挑肠，就此死去。

韩国把聂政的尸体摆在街市上，以千金悬购他的姓名。过了很久也没人知道他究竟是谁。聂政的姐姐听说这事后，说道："我弟弟非常贤能，我不能因为吝惜自己的性命，而埋没弟弟的名声，埋没声名，这也不是弟弟的本意。"于是她去了韩国，看着尸体说："英勇啊！浩气壮烈！你的行为胜过孟贲、夏育，高过了成荆！如今死了却没有留下姓名，父母已不在人世，又没有其他兄弟，你这样做都是为了不牵连我啊。因为吝惜我的生命而不显扬你的名声，我不忍心这样做！"于是就抱住尸体痛哭道："这是我弟弟轵邑深井里的聂政啊！"说完便在聂政的尸体旁自杀而死。三晋、楚、齐、卫等国的人听说这件事，都赞叹道："不单聂政勇敢，就是她姐姐也是个刚烈的女子！"聂政之所以名垂后世，因为她姐姐不怕剁成肉酱以显扬他的名声！

148

第八卷

燕策

一、苏秦将为从

【原文】

苏秦将为从，北说燕文侯曰："燕东有朝鲜、辽东，北有林胡、楼烦，西有云中、九原，南有呼沱、易水。地方二千余里，带甲数十万，车七百乘，骑六千匹，粟支十年。南有碣石、雁门之饶，北有枣栗之利，民虽不由田作，枣栗之实，足食于民矣。此所谓天府也。夫安乐无事，不见覆军杀将之忧，无过燕矣。大王知其所以然乎？夫燕之所以不犯寇被兵者，以赵之为蔽于南也。秦、赵五战，秦再胜而赵三胜。秦、赵相蔽，而王以全燕制其后，此燕之所以不犯难也。且夫秦之攻燕也，逾云中、九原，过代、上谷，弥地踵道数千里，虽得燕城，秦计固不能守也。秦之不能害燕亦明矣。今赵之攻燕也，发兴号令，不至十日，而数十万之众军于东垣矣。度呼沱，涉易水，不至四五日，距国都矣。故曰，秦之攻燕也，战于千里之外；赵之攻燕也，战于百里之内。夫不忧百里之患，而重千里之外，计无过于此者。是故愿大王与赵从亲，天下为一，则国必无患矣。"

燕王曰："寡人国小，西迫强秦，南近齐、赵。齐、赵，强国也，今主君幸教诏之，合从以安燕，敬以国从。"于是赍苏秦车马金帛以至赵。

【译文】

苏秦将要组织合纵联盟，去北方游说燕文侯说："燕国东有朝鲜和辽东，北有林胡和楼烦，西有云中和九原，南有呼沱河和易水。国土纵横二千多里，军队有几十万，战车有七百多辆，战马有六千匹，粮食够十年支用。南边有碣石和雁门的丰饶物产，北边有枣和栗子的获利收成，老百姓即使不耕作，仅靠枣栗也够吃的了。这就是所谓的天府之国。安居乐业，没有战争，看不到军队覆灭将领被杀这样忧心的事，这种和平境况没有谁比燕国更好的了。大王您知道为什么会这样吗？

"燕国不遭受战争的原因，是因为有赵国在南面作蔽障。秦国和赵国发生了五次战争，秦国两胜而赵三胜。秦赵互相削弱，而大王保全燕国，控制住这个大后方，这就是燕国不受侵犯的缘故。况且秦国攻打燕国，要越过云中和九原，经过代郡和上谷，长途跋涉几千里，即使能够攻下燕国的城池，也知道根本没有办法占领它。秦国不能侵犯燕国的道理是很明显的。如果赵国攻打燕国，情况就大不一样了，只要一声令下，不

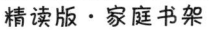

出十天，数十万军队就能进驻到东垣一带。再渡过呼沱河和易水，不到四五天就可以到达燕国的都城了。因此说秦攻打燕，须得在千里之外开战；而赵攻打燕，是在百里之内开战。不担心百里之内的祸患而看重千里以外的战事，策略上的失误，是非常严重的。因此希望大王您和赵国合纵相亲，天下诸侯联合一体，那么燕国就一定没有忧患了。"

燕文侯说："我的国家弱小，西面迫近秦国，南面靠近齐国、秦国。齐赵都是强国，现在承蒙您的教导，号召我国合纵以使国家安宁，我愿意把国家交出来听从您的安排。"于是供给苏秦车马和金银布帛，让他到赵国进行合纵。

152

二、人有恶苏秦于燕王者

【原文】

人有恶苏秦于燕王者，曰："武安君，天下不信人也。王以万乘下之，尊之于廷，示天下与小人群也。"

武安君从齐来，而燕王不馆也。谓燕王曰："臣东周之鄙人也，见足下，身无咫尺之功，而足下迎臣于郊，显臣于廷。今臣为足下使，利得十城，功存危燕，足下不听臣者，人必有言臣不信，伤臣于王者。臣之不信，是足下之福也。使臣信如尾生，廉如伯夷，孝如曾参，三者天下之高行，而以事足下，不可乎？"燕王曰："可。"曰："有此，臣亦不事足下矣。"

苏秦曰："且夫孝如曾参，义不离亲一夕宿于外，足下安得使之之齐？廉如伯夷，不取素食，污武王之义而不臣焉，辞孤竹之君，饿而死于首阳之山。廉如此者，何肯步行数千里，而事弱燕之危主乎？信如尾生，期而不来，抱梁柱而死。信至如此，何肯扬燕、秦之威于齐而取大功哉？且夫信行者，所以自为也，非所以为人也。皆自覆之术，非进取之道也。且夫三王代兴，五霸迭盛，皆不自覆也。君以自覆为可乎？则齐不益于营丘，足下不逾楚境，不窥于边城之外。且臣有老母于周，离老母而事足下，去自覆之术，而谋进取之道，臣之趣固不与足下合者。足下皆自覆之君也，仆者进取之臣也，所谓以忠信得罪于君者也。"

燕王曰："夫忠信，又何罪之有也？"

对曰："足下不知也。臣邻家有远为吏者，其妻私人。其夫且归，其私之者忧之。其妻曰：'公勿忧也，吾已为药酒以待之矣。'后二日，夫至。妻使妾奉卮酒进之。妾知其药酒也，进之则杀主父，言之则逐主母。乃阳僵弃酒。主父大怒而笞之。故妾一僵而弃酒，上以活主父，下以存主母也。忠至如此，然不免于笞，此以忠信得罪者也。臣之事，适不幸而有类妾之弃酒也。且臣之事足下，亢义益国，今乃得罪，臣恐天下后事足下者，莫敢自必也。且臣之说齐，曾不欺之也。使之说齐者，莫如臣之言也，虽尧、舜之智，不敢取也。"

【译文】

有人对燕王毁谤苏秦说："苏秦是天下最不讲信义的人。大王是万乘之尊却非常谦恭地对待他，在朝廷上推崇他，但这是向天下人显示了自己与小人为伍啊。"苏秦从齐国归来，燕

154

王竟然不给他预备住处。

苏秦对燕王说："我本是东周的一个平庸之辈，当初见大王时没有半点儿功劳，但大王到郊外去迎接我，使我在朝廷上地位显赫。现在我替您出使齐国，取得了收复十座城邑的利益，挽救了危亡之中的燕国，可是您却不再信任我，一定是有人说我不守信义，在大王面前中伤我。其实，我不守信义，那倒是您的福气。假使我像尾生那样讲信用，像伯夷那样廉洁，像曾参那要孝顺，具有这三种天下公认的高尚操行，来为大王效命，可以吗？"燕王说："可以。"苏秦说："如果真是这样，我也就不会来为大王服务了。"

苏秦道："臣要像曾参一样孝顺，就不能离开父母在外面歇宿一夜，您又怎么能让他到齐国去呢？像伯夷那样廉洁，不吃白食，认为周武王不义，不做他的臣下，又拒不接受孤竹国的君位，饿死在首阳山上，廉洁到这种程度，又怎么肯步行几

千里，而为弱小燕国的垂危君主服务呢？如果臣有尾生的信用，和女子约会在桥下，那女子没来，直到水淹上身也不离开，最终抱着桥柱被淹死。讲信义到这种地步，怎么肯到齐国去宣扬燕秦的威力，并取得巨大的功绩呢？再说讲信义道德的

人，都是用来自我完善，不是用来帮助他人的。所以这都是满足现状的办法，而不是谋求进取的途径。再说，三王交替兴起，五霸相继兴盛，他们都不满足现状。如果满足现状是可以的，那么齐国就不会进取营丘之外的土地，您也不能越过楚国边境，不可能窥探边城之外了。况且我在周地还有老母，离开老母来侍奉您，抛开固步自封的做法，谋求进取的策略。看来我的目标，本来不和您相同。大王是满足现状的君主，而我是谋求进取的臣子，这就是因为忠信而得罪于君主的原因啊。"

　　燕王说："忠信又有什么可责怪的呢？"苏秦说："您不知道，我的邻居中有个在远地方做官的人，他的妻子跟别人私通。她的丈夫眼看就快要回来了，和他私通的人很忧虑。那妻子对他的情夫说：'你别担心，我已经准备了毒酒等着他呢。'过了两天，丈夫到家了，妻子让女仆捧着毒酒送给她丈夫。女仆知道那是毒酒，如果送上去就要毒死男主人，如果说出实情女主人则会被赶走。于是她假装跌倒，泼掉了毒酒。男主人很生气，就用竹板打她。女仆这一倒，对上救了男主人，对下保住了女主人。忠心到了这种地步，然而仍然免不了被打，这就是因为忠信反而受到罪责的人啊。现在我的处境，恰恰不幸和那个女仆泼掉毒酒反而受罚的遭遇类似。而且我侍奉大王您，尽量使信义崇高，国家获益，如今竟受罪责，我担心以后天下来事奉您的人，没有谁自信能够做到这样。况且我劝说齐王，确实没用欺诈的手段，只不过游说齐国的其他使者，没有谁像我说得那么婉转。即使他们像尧、舜一样贤明，齐国也不肯相信他们的话。"

三、张仪为秦破从连横

157

【原文】

　　张仪为秦破从，连横，谓燕王曰："大三之所亲，莫如赵，昔赵王以其姊为代王妻，欲并代，约与代王遇于句注之塞。乃令工人作为金斗，长其尾，令之可以击人。与代王饮，而阴告厨人曰：'即酒酣乐，进热歠，即因反斗击之。'于是酒酣乐，进取热歠。厨人进斟羹，因反斗而击之，代王脑涂地。其姊闻之，摩笄以自刺也。故至今有摩笄之山，天下莫不闻。

　　"夫赵王之狼戾无亲，大王之所明见知也。且以赵王为可亲邪？赵兴兵而攻燕，再围燕都而劫大王，大王割十城乃却以谢。今赵王已入朝渑池，效河间以事秦。大王不事秦，秦下甲云中、九原，驱赵而攻燕，则易水、长城非王之有也。且今时赵之于秦，犹郡县也，不敢妄兴师以征伐。今大王事秦，秦王必喜，而赵不敢妄动矣。是西有强秦之援，而南无齐、赵之患，是故愿大王之熟计之也。"

　　燕王曰："寡人蛮夷辟处，虽大男子，裁如婴儿，言不足以求正，谋不足以决事。今大客幸而教之，请奉社稷西面而事秦，献常山之尾五城。"

【译文】

　　张仪替秦国破坏合纵推行连横政策，对燕王说："大王最亲近的诸侯莫过于赵国了。从前赵襄子把他的姐姐嫁给代君为妻，想要吞并代国，于是就跟代君约定在句注关塞会晤。他命令工匠制作了一个铁斗，把斗柄作得很长，使其可以用来打人。赵襄子在和代君喝酒之前，暗中告诉厨夫说：'当酒喝得正高兴时，你就送上热汤，那时乘机掉过铁斗打死代君。'当时酒喝得正畅快，赵襄子要热汤，厨夫进来盛汤，趁机掉过铁斗打在代君的头上，代君脑浆流了一地。赵襄子的姐姐听说这件事后，用磨尖的金簪自杀了。因此至今还有摩笄山，天下人没有不知道的。

　　"赵王凶狠暴戾，六亲不认，这是大王明明知道的。难道您觉得赵王是可以亲近的吗？赵国曾发兵攻打燕国，围困燕都，威逼大王，大王割让十座城邑去谢罪，赵国才退兵。现在赵王已经到渑池去朝见秦王，献出河间而归顺秦国。如果大王不归顺秦国，秦发兵云中、九原，驱使赵军进攻燕国，那么易水和长城，就不归大王所有了。况且当前赵国对于秦国来说，就如同郡县一般，不敢妄自发兵去攻打别国。如果大王归顺秦国，秦王一定很高兴，赵国也不敢轻举妄动了。如若那样，燕国西面有强大的秦国援助，南边没有了齐赵的侵扰，所以希望大王能深思熟虑。"

　　燕王说："我身居野蛮僻远的地方，虽然是个大男子，但智慧也仅像小孩一般，讲话不能有正确的看法，智慧不能决断事情。如今有幸得到贵客的指教，我愿意献上燕国，归服秦国，并献出常山西南的五个城邑。"

四、燕昭王收破燕后即位

【原文】

　　燕昭王收破燕后即位，卑身厚币，以招贤者，欲将以报仇。故往见郭隗先生曰："齐因孤国之乱，而袭破燕。孤极知燕小力少，不足以报。然得贤士与共国，以雪先王之耻，孤之愿也。敢问以国报仇者奈何？"

　　郭隗先生对曰："帝者与师处，王者与友处，霸者与臣处，亡国与役处。诎指而事之，北面而受学，则百己者至。先趋而后息，先问而后嘿，则什己者至。人趋己趋，则若己者至。冯几据杖，眄视指使，则厮役之人至。若恣睢奋击，呴藉叱咄，则徒隶之人至矣。此古服道致士之法也。王诚博选国中之贤者，而朝其门下，天下闻王朝其贤臣，天下之士必趋于燕矣。"

　　昭王曰："寡人将谁朝而可？"郭隗先生曰："臣闻古之君人，有以千金求千里马者，三年不能得。涓人言于君曰：'请求之。'君遣之。三月得千里马，马已死，买其首五百金，反以报君。君大怒曰：'所求者生马，安事死马而捐五百金？'涓人对曰：'死马且买之五百金，况生马乎？天下必以王为能市马，马今至矣。'于是不能期年，千里之马至者三。今王诚欲致士，先从隗始；隗且见事，况贤于隗者乎？岂远千里哉？”

于是昭王为隗筑宫而师之。乐毅自魏往，邹衍自齐往，剧辛自赵往，士争凑燕。燕王吊死问生，与百姓同甘共苦。二十八年，燕国殷富，士卒乐佚轻战。于是遂以乐毅为上将军，与秦、楚、三晋合谋以伐齐，齐兵败，闵王出走于外。燕兵独追北，入至临淄，尽取齐宝，烧其宫室宗庙。齐城之不下者，唯独莒、即墨。

【译文】

燕昭王收拾了残破的燕国以后登上王位，他礼贤下士，用丰厚的聘礼招募贤才，想要依靠他们来报齐国破燕杀父之仇。为此他去见郭隗先生，说：“齐国乘人之危，攻破我们燕国，我深知燕国势单力薄，无力报复。然而如果能得到贤士与我共同治理国家，以雪先王之耻，这是我的愿望。请问先生要报国家的大仇应该怎么办？”

郭隗先生回答说：“成就帝业的国君以贤者为师，成就王业的国君以贤者为友，成就霸业的国君以贤者为臣，行将灭亡的国君以贤者为仆役。如果能够卑躬屈节地侍奉贤者，屈居下位接受教诲，那么比自己才能超出百倍的人就会光临；早些学习晚些休息，先去求教别人过后再默思，那么才能胜过自己十倍的人就会到来；别人怎么做，自己也跟着做，那么才能与自己相当的人就会到来；如果凭靠几案，拄着手杖，盛气凌人地指挥别人，那么供人驱使跑腿当差的人就会来到；如果放纵骄横，行为粗暴，吼叫骂人，大声呵斥，那么就只有奴隶和犯人来了。这就是古往今来实行王道和招致人才的方法啊。大王若是真想广泛选用国内的贤者，就应该亲自登门拜访，天下的贤

人听说大王的这一举动，就一定会赶着到燕国来。"

昭王说："我应当先拜访谁才好呢？"郭隗先生说道："我听说古时有一位国君想用千金求购千里马，可是三年也没有买到。宫中有个近侍对他说道：'请您让我去买吧。'国君就派他去了。三个月后他终于找到了千里马，可惜马已经死了，但是他仍然用五百金买了那匹马的脑袋，回来向国君复命。国君大怒道：'我要的是活马，死马有什么用，而且白白扔掉了五百金？'这个近侍胸有成竹地对君主说：'买死马尚且肯花五百金，更何况活马呢？天下人一定都以为大王您擅长买马，千里马很快就会有人送来了。'于是不到一年，三匹千里马就到手了。如果现在大王真的想要罗致人才，就请先从我开始吧；我尚且被重用，何况那些胜过我的人呢？他们难道还会嫌千里的路程太遥远了吗？"

于是昭王为郭隗专门建造房屋，并拜他为师。消息传开，乐毅从魏国赶来，邹衍从齐国而来，剧辛乜从赵国来了，人才争先恐后集聚燕国。昭王又在国中祭奠死者，慰问生者，和百姓同甘共苦。燕昭王二十八年的时候，燕国殷实富足，国力强盛，士兵们心情舒畅愿意奋战。于是昭王用乐毅为上将军，和秦楚及三晋赵魏韩联合策划攻打齐国，齐国大败，齐闵王逃到国外。燕军又单独痛击败军，一直打到齐都临淄，掠取了那里的全部宝物，烧毁齐国宫殿和宗庙。没有被攻下的齐国城邑，只剩下莒和即墨。

五、昌国君乐毅

【原文】

昌国君乐毅为燕昭王合五国之兵而攻齐，下七十余城，尽郡县之以属燕。三城未下，而燕昭王死。惠王即位，用齐人反间，疑乐毅，而使骑劫代之将。乐毅奔赵，赵封以为望诸君。齐田单欺诈骑劫，卒败燕军，复收七十城以复齐。燕王悔，惧赵用乐毅乘燕之弊以伐燕。

燕王乃使人让乐毅，且谢之曰："先王举国而委将军，将军为燕破齐，报先王之仇，天下莫不振动，寡人岂敢一日而忘将军之功哉！会先王弃群臣，寡人新即位，左右误寡人。寡人之使骑劫代将军者，为将军久暴露于外，故召将军且休计事。将军过听，以与寡人有郄，遂捐燕而归赵。将军自为计则可矣，而亦何以报先王之所以遇将军之意乎？"

望诸君乃使人献书报燕王曰："臣不佞，不能奉承先王之教，以顺左右之心，恐抵斧

质之罪，以伤先王之明，而又害于足下之义，故遁逃奔赵。自负以不肖之罪，故不敢为辞说。今王使使者数之罪，臣恐侍御者之不察先王之所以畜幸臣之理，而又不白于臣之所以事先王之心，故敢以书对。

"臣闻贤圣之君，不以禄私其亲，功多者授之；不以官随其爱，能当之者处之。故察能而授官者，成功之君也；论行而结交者，立名之士也。臣以所学者观之，先王之举错，有高世之心，故假节于魏王，而以身得察于燕。先王过举，擢之乎宾客之中，而立之乎群臣之上，不谋于父兄，而使臣为亚卿。臣自以为奉令承教，可以幸无罪矣，故受命而不辞。

"先王命之曰：'我有积怨深怒于齐，不量轻弱，而欲以齐为事。'臣对曰："夫齐霸国之余教也，而骤胜之遗事也，闲于兵甲，习于战攻。王若欲攻之，则必举天下而图之。举天下而图之，莫径于结赵矣。且又淮北、宋地，楚、魏之所同愿也。赵若许，约楚、魏、宋尽力，四国攻之，齐可大破也。'先王曰：'善。'臣乃口受令，具符节，南使臣于赵。顾反命，起兵随而攻齐。以天之道，先王之灵，河北之地，随先王举而有之于济上。济上之军，奉令击齐，大胜之。轻卒锐兵，长驱至国。齐王逃遁走莒，仅以身免。珠玉财宝，车甲珍器，尽收入燕，大吕陈于元英，故鼎反于历室，齐器设于宁台。蓟丘之植，植于汶皇。自五伯以来，功未有及先王者也。先王以为惬其志，以臣为不顿命，故裂地而封之，使之得比乎小国诸侯。臣不佞，自以为奉命承教，可以幸无罪矣，故受命而弗辞。

"臣闻贤明之君，功立而不废，故著于春秋；蚤知之士，

名成而不毁，故称于后世。若先王之报怨雪耻，夷万乘之强国，收八百岁之畜积，及至弃群臣之日，余令诏后嗣之遗义，执政任事之臣，所以能循法令，顺庶孽者，施及于萌隶，皆可以教于后世。

"臣闻善作者，不必善成；善始者，不必善终。昔者伍子胥说听乎阖闾，故吴王远迹至于郢。夫差弗是也，赐之鸱夷而浮之江。故吴王夫差不悟先论之可以立功，故沉子胥而不悔。子胥不蚤见主之不同量，故入江而不改。夫免身全功，以明先王之迹者，臣之上计也。离毁辱之非，堕先王之名者，臣之所大恐也。临不测之罪，以幸为利者，义之所不敢出也。

"臣闻古之君子，交绝不出恶声；忠臣之去也，不洁其名。臣虽不佞，数奉教于君子矣。恐侍御者之亲左右之说，而不察疏远之行也。故敢以书报，唯君之留意焉。"

【译文】

昌国君乐毅为燕昭王率五国军队攻打齐国，攻下七十多座城邑，并把这些地方全部作为郡县划归燕国。还剩三座城没有攻下，燕昭王死了。燕惠王即位，齐人使用反间计，使乐毅受到怀疑，惠王派骑劫代替乐毅的将军职务。于是乐毅逃亡赵国，赵王封他为望诸君。后来，齐国大将田单设计骗骑劫，最终打败了燕国，收复了七十多座城邑，恢复了齐国。

惠王后来深感后悔，又害怕赵国任用乐毅趁燕国疲惫时来攻打燕国。于是燕惠王派人责备乐毅，并向乐毅表示歉意说："先王把整个燕国托付给将军，将军不负重托，为燕国打败了齐国，替先王报了仇，天下人无不为之震动，我怎么敢忘记将军的功劳呢！现在，适逢先王不幸离开人世，我又刚刚即位，结果竟被左右侍臣蒙蔽了。寡人所以让骑劫代替将军的意思，是因为将军长期在外奔波辛劳，于是召请将军回来，暂且休整一下，以便共议国家大事。然而，将军误解了我，认为和我有了隔阂，就丢下燕国归附了赵国。将军为自己这样打算还可以，可您又拿什么来报答先王对将军您的知遇之恩呢？"

于是乐毅派人送去书信回答燕惠王说："我庸碌无能，不能遵行先王的教诲，来顺从左右人的心思，又惟恐遭杀身之祸，这样既损伤了先王用人的英明，又使大王蒙受不义的名声，所以我才逃到赵国。我背着不忠的罪名，所以也不敢为此辩解。大王派使者来列举我的罪过，我担心大王不能明察先王任用爱护我的理由，并且也不明白我之所以事奉先王的心情，所以才斗胆写封信来回答您。我听说贤惠圣明的君主，不把爵禄任意送给自己亲近的人，而是赐给功劳大的人；不把官职随便授给自己喜爱的人，而是让称职的人干。所以，考察才能再授以相应的官职，这才是能够建功立业的君主；能够衡量一个人的德行再结交朋友，这才是能显身扬名的人。我用所学的知识观察，先王举拔安置人才，有超越当代君主的胸襟，所以我借着为魏王出使的机会，才能亲自到燕国接受考察。先王过高地抬举我，在宾客之中把我选拔出来，安排的官职在群臣之上，不与宗室大臣商量，就任命我为亚卿。我自以为接受命令秉承教导，可以有幸不受处罚，所以就接受了任命而没有推辞。

"先王命令我说：'我和齐国有深仇大恨，顾不得国力弱小，也要向齐国报仇。'我回答说：'齐国有先代称霸的遗教，并且留下来几次大胜的功业。精于用兵，熟习攻守。大王若想攻打齐国，就一定要联合天下的诸侯共同对付他。要联合天下诸侯来对付齐国，最便捷的就是先和赵国结交。再说，齐国

占有的淮北和宋国故地，是楚国和魏国想要得到的。赵国如果答应，再联合楚魏和被齐占领的宋国共同出动兵力，四国联合攻齐，就一定可以大败齐国。'先王说：'好。'于是亲口授命，准备好符节，让我出使到南边的赵国。待我回国复命以后，各国随即起兵攻齐。靠着上天的保佑和先王的精明，河北之地全数被先王所占有。我们驻守在济水边上的军队，奉命进击齐军，获得全胜。我们以轻便精锐的部队又长驱直入齐都，齐闵王仓惶逃到莒地，才得以免于一死。齐国的珠玉财宝，车马铠甲、珍贵器物，全部收入燕国的府库，齐国制定乐律的大钟被陈放在元英殿，燕国的大鼎又回到了历室宫，齐国的各种宝器摆设在宁台里，燕都蓟丘的植物移种在汶水的竹田里。从春秋五霸以来，没有一个人的功业能赶得上先王。先王认为满足了心愿，也认为我没有辜负使命，因此划分一块土地封赏我，使我的地位能够比得上小国的诸侯。我没才能，但自认为奉守命令秉承教诲，就可以万幸无罪了，所以接受了封赏而没有推辞。

166

　　"我听说贤明的君王，功业建立后就不能半途而废，因而才能名垂青史；有先见之明的人，获得名誉后就不可毁弃，因而才能被后人所称颂。像先王那样报仇雪恨，征服了拥有万辆车的强国，收取他们八百年的积蓄。等到离开人世，先王仍不忘发布旨令，向后代宣示遗嘱。执政管事的大臣，凭着先王的旨义并按照法令，谨慎对待王族子孙，施恩于平民百姓，这些都可以成为后世的典范。

　　"我听说，善于开创的不一定善于完成，有好的开端未必有好的结局。从前，伍子胥的计谋被吴王阖闾采用，所以吴王的足迹能远踏楚国郢都。相反，吴王夫差对伍子胥的意见不以为然，赐死伍子胥，装在皮口袋里，投入江中。可见吴王夫差始终不明白贤人的主张对吴国建立功业的重要性，所以把伍子胥沉入江中也不后悔。伍子胥不能及早预见自己和君主的度量不同，所以即使被投入大江里也不能改变诚挚的初衷。能免遭杀戮，保全功名，以此彰明先王的业绩，这是我的上策。自身遭受诋毁侮辱，因而毁坏先王的名声，这是我最害怕的事情。面对不可估量的大罪，还企图和赵国图谋燕国以求取私利，从道义上讲，这是我所不能做的。我听说，古代的君子在交情断绝时不说对方的坏话；忠臣离开本国时，不为自己的名节辩白。我虽不才，也曾多次接受有德之人的教诲，我担心大王听信左右的话，而不体察我这个被疏远的人的行为。所以才斗胆以书信作答，只请大王您三思。"

167

六、燕太子丹质于秦亡归

【原文】

　　燕太子丹质于秦，亡归。见秦且灭六国，兵以临易水，恐其祸至，太子丹患之。谓其太傅鞠武曰："燕、秦不两立，愿太傅幸而图之。"武对曰："秦地遍天下，威胁韩、魏、赵氏，则易水以北，未有所定也。奈何以见陵之怨，欲批其逆鳞哉？"太子曰："然则何由？"太傅曰："请入，图之。"

　　居之有间，樊将军亡秦之燕，太子容之。太傅鞠武谏曰："不可。夫秦王之暴，而积怨于燕，足为寒心，又况闻樊将军之在乎！是以委肉当饿虎之蹊，祸必不振矣！虽有管、晏，不能为谋。愿太子急遣樊将军入匈奴以灭口。请西约三晋，南连齐、楚，北讲于单于，然后乃可图也。"太子丹曰："太傅之计，旷日弥久，惛心昏然恐不能须臾。且非独于此也。夫樊将军困穷于天下，归身于丹，丹终不迫于强秦，而弃所哀怜之交置之匈奴，是丹命固卒之时也。愿太傅更虑之。"鞠武曰："燕有田光先生者，其智深，其勇沉，可与之谋也。"太子曰：愿因太傅交于田先生，可乎？"鞠武曰："敬诺。"出见田光，道太子曰："愿图国事于先生。"田光曰："敬奉教"。乃造焉。

太子跪而逢迎，却行为道，跪地拂席。田先生坐定，左右无人，太子避席而请曰："燕、秦不两立，愿先生留意也。"田光曰："臣闻骐骥盛壮之时，一日而驰千里。至其衰也，驽马先之。今太子闻光壮盛之时，不知吾精已消亡矣。虽然，光不敢以乏国事也。所善荆轲，可使也。"太子曰："愿因先生得交于荆轲，可乎？"田光曰："敬诺。"即起，趋出。太子送之至门，曰："丹所报，先生所言者，匡大事也，愿先生勿泄也。"田光俯而笑曰："诺。"

偻行见荆轲，曰："光与子相善，燕国莫不知。今太子闻光壮盛之时，不知吾形已不逮也，幸而教之曰：'燕、秦不两立，愿先生留意也。'光窃不自外，言足下于太子，愿足下过太子于宫。"荆轲曰："谨奉教。"田光曰："光闻长者之行，不使人疑之，今太子约光曰：'所言者，国之大事也，愿先生勿泄也。'是太子疑光也。夫为行使人疑之，非节侠士也。"欲自杀以激荆轲，曰："愿足下急过太子，言光已死，明不言也。"遂自刭而死。

轲见太子，言田光已死，明不言也。太子再拜而跪，膝下行流涕，有顷而后言曰："丹所请田先生无言者，欲以成大事之谋，今田先生以死明不泄言，岂丹之心哉？"荆轲坐定，太子避席顿首曰："田先生不知丹不肖，使得至前，愿有所道，此天所以哀燕不弃其孤也。今秦有贪饕之心，而欲不可足也，非尽天下之地，臣海内之王者，其意不餍。今秦已虏韩王，尽纳其地，又举兵南伐楚，北临赵。王翦将数十万之众临漳、邺，而李信出太原、云中。赵不能支秦，必入臣。入臣，则祸至燕。燕小弱，数困于兵，今计举国不足以当秦。诸侯服秦，莫敢合从。丹之私计，愚以为诚得天下之勇士，使于秦，窥以重利，秦王贪其贽，必得所愿矣。诚得劫秦王，使悉反诸侯之侵地，

169

若曹沫之与齐桓公，则大善矣；则不可，因而刺杀之。彼大将擅兵于外，而内有大乱，则君臣相疑。以其间诸侯，诸侯得合从，其偿破秦必矣。此丹之上愿，而不知所以委命，惟荆卿留意焉。"久之，荆轲曰："此国之大事，臣驽下，恐不足任使。"太子前顿首，固请无让。然后许诺。于是尊荆轲为上卿，舍上舍，太子日日造问，供太牢异物，间进车骑美女，恣荆轲所欲，以顺适其意。

久之，荆轲未有行意。秦将王翦破赵，虏赵王，尽收其地，进兵北略地，至燕南界。太子丹恐惧，乃请荆卿曰："秦兵旦暮渡易水，则虽欲长侍足下，岂可得哉？"荆卿曰："微太子言，臣愿得谒之。今行而无信，则秦未可亲也。夫今樊将军，秦王购之金千斤，邑万家。诚能得樊将军首，与燕督亢之地图献秦王，秦王必说见臣，臣乃得有以报太子。"太子曰："樊将军以穷困来归丹，丹不忍以己之私，而伤长者之意，愿足下更虑之。"

荆轲知太子不忍，乃遂私见樊於期曰："秦之遇将军，可谓深矣。父母宗族，皆为戮没。今闻购将军之首，金千斤，邑万家，将奈何？"樊将军仰天太息流涕曰："吾每念，常痛于骨髓，顾计不知所出耳。"

轲曰："今有一言，可以解燕国之患，而报将军之仇者，何如？"樊於期乃前曰："为之奈何？"荆轲曰："愿得将军之首以献秦，秦王必喜而善见臣，臣左手把其袖，而右手揕抗其胸，然则将军之仇报，而燕国见陵之耻除矣。将军岂有意乎？"樊於期偏袒扼腕而进曰："此臣日夜切齿拊心也，乃今得闻教。"遂自刭。太子闻之，驰往，伏尸而哭，极哀。既已，无可奈何，乃遂收盛樊於期之首，函封之。

于是，太子预求天下之利匕首，得赵人徐夫人之匕首，取

之百金，使工以药淬之，以试人，血濡缕，人无不立死者。乃为装遣荆轲。燕国有勇士秦武阳，年十二，杀人，人不敢与忤视。乃令秦武阳为副。荆轲有所待，欲与俱，其人居远未来，而为留待。顷之未发。太子迟之，疑其有改悔，乃复请之曰："日以尽矣，荆卿岂无意哉？丹请先遣秦武阳。"荆轲怒，叱太子曰："今日往而不反者，竖子也！今提一匕首入不测之强秦，仆所以留者，待吾客与俱。今太子迟之，请辞决矣。"遂发。

太子及宾客知其事者，皆白衣冠以送之。至易水上，既祖，取道。高渐离击筑，荆轲和而歌，为变徵之声，士皆垂泪涕泣。又前而为歌曰："风萧萧兮易水寒，壮士一去兮不复还。"复为慷慨羽声，士皆瞋目，发尽上指冠。于是荆轲遂就车而去，终已不顾。

既至秦，持千金之资币物，厚遗秦王宠臣中庶子蒙嘉。嘉为先言于秦王曰："燕王诚振畏慕大王之威，不敢兴兵以拒大王，愿举国为内臣，比诸侯之列，给贡职如郡县，而得奉守先王之宗庙。恐惧不敢自陈，谨斩樊於期头，及献燕之督亢之地图，函封，燕王拜送于庭，使使以闻大王。唯大王命之。"

秦王闻之，大喜。乃朝服，设九宾，见燕使者咸阳宫。荆轲奉樊於期头函，而秦武阳奉地图匣，以次进。至陛下。秦武阳色变振恐，群臣怪之，荆轲顾笑武阳，前为谢曰："北蛮夷之鄙人，未尝见天子，故振摄，愿大王少假借之，使毕使于前。"秦王谓轲曰："起，取武阳所持图。"轲既取图奉之，发图，图穷而匕首见。因左手把秦王之袖，而右手持匕首揕抗之。未至身，秦王惊，自引而起，绝袖。拔剑，剑长，掺其室。时恐急，剑坚，故不可立拔。荆轲逐秦王，秦王还柱而走。群臣惊愕，卒起不意，尽失其度。而秦法，群臣侍殿上者，不得持尺兵。诸郎中执兵，皆陈殿下，非有诏，不得上。方急时，不及召下兵，以故荆轲逐秦王，而卒惶急无以击轲，而乃以手共搏之。是时侍医夏无且，以其所奉药囊提轲。秦王之方还柱走，卒惶急不知所为，左右乃曰："王负剑！王负剑！"遂拔以击荆轲，断其左股。荆轲废，乃引其匕首提秦王，不中，中柱。秦王复击轲，被八创。轲自知事不就，倚柱而笑，箕踞以骂曰："事所以不成者，乃欲以生劫之，必得约契以报太子也。"左右既前斩荆轲，秦王目眩良久。已而论功赏群臣及当坐者，各有差。而赐夏无且黄金二百镒，曰："无且爱我，乃以药囊提轲也。"

于是，秦大怒燕，益发兵诣赵，诏王翦军以伐燕。十月而拔燕蓟城。燕王喜、太子丹等，皆率其精兵东保于辽东。秦将李信追击燕王，王急，用代王嘉计，杀太子丹，欲献之秦。秦复进兵攻之。五岁而卒灭燕国，而虏燕王喜，秦兼天下。

其后荆轲客高渐离以击筑见秦皇帝，而以筑击秦皇帝，为燕报仇，不中而死。

【译文】

在秦国做人质的燕太子丹逃回了燕国。看到秦国将要吞并六国，如今秦军已逼近易水，唯恐灾祸来临，太子丹心里十分忧虑，于是对他的太傅鞠武说："燕秦势不两立，希望太傅帮忙想想办法才好。"鞠武回答说："秦国的势力遍布天下，地盘广大，如果他们再用武力胁迫韩赵魏，那么易水以北的燕国局势还不一定啊。何必因在秦遭受凌辱的怨恨，就去触犯秦国呢？"太子说："那怎么办好呢？"太傅说："请让我好好考虑考虑。"

过了一些时候，樊将军从秦国逃到燕国，太子收留了他。太傅进谏劝告太子说："不能这样做啊。秦王残暴，又对燕国一直怀恨在心，如此足以让人胆战心惊了，更何况他知道樊将军在这里！这就好比把肉丢在饿虎经过的路上，灾祸难以避免了。我想，即使管仲和晏婴在世，也无力回天。太子您还是赶紧打发樊将军到匈奴去，以防泄露风声。请让我到西边去联合三晋，到南边去联合齐楚，到北边去和匈奴讲和，然后就可以对付秦国了。"太子丹说："太傅的计划旷日持久，我心里昏乱忧虑得要死，恐怕一刻也不能等了。况且问题还不仅仅在这里，樊将军穷途末路，才来投奔我，我怎么能因为秦国的威胁，就抛弃可怜的朋友，把他打发到匈奴去呢，这该是我拼命的时候了，太傅您得另想办法才好。"鞠武说："燕国有一位田光先生，此人深谋远虑勇敢沉着，您不妨跟他商量商量。"太子丹说："希望太傅您代为介绍，好吗？"鞠武说："好吧。"于是鞠武去见田光，说："太子希望和先生一起商议国家大事。"田光说："遵命。"于是就去拜见太子。

173

太子跪着迎接田光，倒退着走为他引路，又跪下来替田光拂拭坐席。等田光坐稳，左右人都退下后，太子就离席，向田光请教道："燕秦势不两立，希望先生能尽量想个办法来解决这件事。"田光说："我听说好马在年轻力壮的时候，一天可以飞奔千里。可到它衰老力竭的时候，连劣马也能跑在它的前面。太子现在听说的是我壮年的情况，却不知道如今我的精力已经衰竭了。虽然这么说，我不敢因此耽误国事。我的好朋友荆轲可以担当这个使命。"太子说："希望能通过先生与荆轲结识，可以吗？"田光说："好的。"说完起身就走了出去。太子把他送到门口，告诫他说："我告诉您的和先生刚才说的，都是国家大事，希望先生不要泄露出去。"田光低头一笑，说："好。"

田光弯腰曲背地去见荆轲，对他说："我和您交情很深，燕国没有人不知道。现在太子只听说我壮年时的情况，却不知道我的身体已大不如当年了。有幸得到他的教导说：'燕秦势不两立，希望先生尽力想想办法。'我从来就没把您当外人，于是把您举荐给太子，希望您能到太子的住处走一趟。"荆轲说："遵命。"田光又说："我听说，忠厚老实之人的所作所为，不使人产生怀疑，如今太子却告诫我说：'我们所讲的，都是国家大事，希望先生不要泄露出去。'这是太子他怀疑我啊。为人做事让人怀疑，就不是有气节的侠客。"田光这番话的意思是想用自杀来激励荆轲，接着又说道："希望您马上去拜见太子，说我已经死了，以此表明我没有把国家大事泄漏出去。"说完就自刎而死。

荆轲见到太子，告诉他田光已经死了，转达了田光的临终之言。太子拜了两拜，双腿跪行，泪流满面，过了好一会儿才说道："我之所以告诫田光先生不要泄密，是想实现重大的计划罢了。现在田先生用死来表明他没有泄密，这哪里是我的本意呢？"荆轲坐定后，太子离席，给荆轲叩头，说："田先生不知我是个无能的人，让您来到我面前，愿您有所指教。这真是上天可怜燕国，不抛弃他的后代。如今秦国贪得无厌，野心十足，如果不把天下的土地全部占为己有，不使各诸侯全部成为自己的臣下，他是不会满足的。现在秦国已经俘虏韩王，占领了韩地，又发兵向南攻打楚国，向北进逼赵国。王翦的大军已逼近漳水、邺城，而李信又出兵太原、云中。赵国哪里能抵抗秦国的攻势，一定会投降。赵国向秦称臣，大祸就落到燕国头上了，燕国国小力弱，多次遭受兵祸，现在就算征发全国力量也不可能抵挡住秦军。诸侯都屈服于秦国，没有谁敢和燕国联合。我私下考虑能得到天下最勇敢的人出使秦国，用重利引诱秦王，秦王贪图这些厚礼，我们就一定能如愿以偿了。如果能劫持秦王，让他归还侵占的全部诸侯土地，就像当年曹沫劫持齐桓公那样，就更好了；如果秦王不答应，那就杀死他。秦国的大将在国外征战，而国内又大乱起来，那么君臣必定会相互猜疑。趁这个机会诸侯就可以联合起来，势必击破秦国。这是我最高的愿望。但不知道把这个使命托付给谁，希望先生您给想个办法。"

过了一会儿，荆轲才说："这是国家大事，我才能低下，恐怕不能胜任。"太子上前叩头，坚决请求荆轲不要推辞。荆轲这才答应下来。于是，太子尊荆轲为上卿，让他住在上等的宾馆，太子每天前去问候。供给他丰盛的宴席，备办奇珍异宝，不断地进献车马和美女，尽量满足荆轲的欲望，以便让他称心如意。

过了很久，荆轲还没有动身的意思。这时，秦将王翦攻破赵国，俘虏赵王，占领了赵地。又挥军北进，掠夺土地，一直打到燕国南部边境。太子丹非常恐惧，就向荆轲请求说："秦国军队早晚要渡过易水，我虽然愿意长久地待奉您，又哪里可能呢？"荆轲说："即使太子不说，我也想向您请求行动了。现在去了如果没有信物，那就无法接近秦王。现在秦王正用千两黄金和万户封邑来悬赏缉拿樊将军。如果能得到樊将军的首级和燕国督亢的地图献给秦王，秦王一定乐于接见我，这样我才能有报效太子的机会。"

太子丹说："樊将军因为走投无路来投奔我，我又怎么忍心为了自己的私事而伤害忠厚老实的人的心呢，还望您另想个办法。"荆轲知道太子不忍心，于是就私下里去见樊於期说："秦王对您可以说太狠毒了，您父母和同家族的人都被杀害了。现在又听说秦王悬赏千两黄金和万户封邑来求您的头颅，您打算怎么办？"

樊将军仰天长叹，泪流满面地说："我每次想到这些，就恨入骨髓，考虑再三，只是不知道如何才能报仇罢了。"荆轲说："我现在有一个建议，不但可以解除燕国的祸患，而且可以为您报仇，您看怎么样？"樊於期走上前说："您究竟想怎么办？但说无妨。"荆轲说："希望能得到将军的首级，进献秦王，秦王必定很高兴，就会接见我。到那时，我左手抓住他的衣袖，右手用匕首刺进他的胸膛。这样，您的大仇可报，燕国遭受的耻辱也可以洗刷了。将军可有这番心意呢？"

樊於期袒露出一条臂膀，握住手腕，走近一步说："这是我日夜咬牙切齿、痛彻心胸的事情，居然在今天能听到您的指引。"说完就自杀了。太子听说后，赶紧驾车奔去，趴在樊於期的尸体上痛哭起来，极其悲伤。事情既然无可挽回，于是只好收敛樊於期的头颅，用匣子封存起来。这时候，太子已经预先寻到天下最锋利的匕首，那是从徐夫人手里用一百金才买到的匕首。太子让工匠用毒药水淬染匕首，拿它在人身上试验，只要流出一点儿血，那人就会立刻死去。于是准备行装，送荆轲动身。

燕国有个勇士叫秦武阳，十二岁时就杀过人，别人都不敢正眼看他。于是太子就派秦武阳做荆轲的助手。荆轲正等着另一个人，想跟他一起去，那人住得远，还没有赶到，荆轲为此滞留等他。过了好几天还没有出发。太子嫌荆轲行动缓慢，怀疑他要反悔，于是又去请求他说："时间已经不多了，你难道不打算去了吗？请让我先派秦武阳去吧。"荆轲生气了，呵斥太子说："我今天去了如果不能回来，就可能因为秦武阳这小子！如今我拿着一把匕首到吉凶难测的秦国去，之所以还不动身，是要等我的朋友一起走。现在您既然嫌我行动迟缓，那就诀别吧！"于是就出发了。

太子以及知道这件事的宾客，都身穿白衣，头戴白帽来为荆轲送行。到了易水岸边，祭祀完路神，就要上路。这时，高渐离击起了筑乐，荆轲和着曲调唱起歌来，歌声凄厉悲怆，人们听了都流下眼泪，暗暗地抽泣。荆轲又踱上前唱道："风萧萧啊易水寒，壮士一去啊不复还！"接着乐音又变作慷慨激昂的羽声，人们听得虎目圆睁，怒发冲冠。于是荆轲登上马车飞驰而去，始终没有回头看一眼。一行人到秦国以后，荆轲带上价值千金的玉帛等礼物，去见秦王的宠臣中庶子蒙嘉。蒙嘉替他事先在秦王面前美言道："燕王确实畏惧大王的威势，不敢发兵和大王对抗，情愿让国人做秦国的臣民，和各方诸侯同列，像秦国郡县一样进奉贡品，只求能够奉守先王的宗庙。燕王非常害怕，不敢亲自来向大王陈述，特地斩了樊於期，并献上燕国督亢的地图，都封装在匣子里，燕王又亲自在朝廷送行，派来使者向大王禀告。请大王指示。"

秦王听了这番话后十分高兴。于是穿上朝服，设置九宾之礼，在咸阳宫接见燕国使者。荆轲捧着封藏樊於期头颅的匣子，秦武阳捧着装地图的匣子，按顺序走上前去。走到宫殿前的台阶下，秦武阳脸色陡变，浑身发抖，秦国大臣们感到奇怪，荆轲回过头朝秦武阳笑了笑，走上前去向秦王谢罪说："他是北方荒野之地的粗人，没有见过世面，今日得见天子，所以害怕，希望大王稍加宽容，让他能在大王面前完成使命。"

秦王对荆轲说："起来，把武阳拿的地图取过来。"荆轲就取过地图奉献上去，打开卷轴地图，地图完全展开时露出了匕首，说时迟那时快，荆轲左手拉住秦王的衣袖，右手抓过匕首就刺向秦王，可惜没能刺中。秦王大吃一惊，抽身而起，挣断衣袖。秦王赶忙伸手拔剑，剑身太长，卡在剑鞘里了。当时

177

情况紧急，剑又竖着卡得太紧，所以不能立刻拔出来。荆轲追赶秦王，秦王只好绕着柱子逃跑。群臣都惊慌失措，由于突然发生了出人意料的事，一个个都失去了常态。而且按照秦国的法律，大臣在殿上侍奉君王时不得携带任何兵器，守卫宫禁的侍卫虽然带着武器，但都站在殿外，没有秦王的命令不能上殿。正在危急的时候，秦王来不及召殿下卫兵，因此荆轲追赶秦王，大臣们在仓猝之间惊慌失措，没有什么东西拿来还击荆轲，只好一起用手抓他。这时御医夏无且用他身上带着的药袋向荆轲投去。秦王正绕着柱子跑，不知怎么办好，趁这个机会大臣们才对他大喊："大王把剑背过去！快推到背后！"秦王这才拔出剑来砍荆轲，一下子砍断了他的左腿。荆轲重伤跌倒在地，于是举起匕首向秦王投去，没有击中，扎在柱子上。秦王又砍荆轲，荆轲八处受伤。荆轲自知事情失败，就靠着柱子大笑起来，叉开两腿大骂道："事情之所以没有成功，无非是想活捉你，得到归还侵占土地的凭证去回报太子。"两旁的人赶过来把荆轲杀了，秦王头昏目眩了好久，才回过神来。

　　秦王论功行赏，处罚也根据情况，分别对待。秦王赏赐夏无且黄金二百镒，说："无且爱护我，才用药袋投击荆轲啊。"

　　于是秦对燕十分愤恨，增派军队赶往赵国旧地，命令王翦的部队去攻打燕国，十月攻陷燕都蓟城。燕王喜、太子丹等率领精锐部队退守辽东。秦将李信追击燕王，燕王急了，只好采用代王赵嘉的主意，杀了太子丹，打算献给秦王。但秦军仍旧继续进攻，五年之后终于灭掉了燕国，俘虏了燕王喜，秦国统一天下。

　　后来，荆轲的好友高渐离利用击筑的机会见到秦始皇，他用筑投击秦始皇，想为燕国报仇，结果也没有击中，反被杀死。

第九卷

宋、卫策

一、公输般为楚设机

【原文】

公输般为楚设机，将以攻宋。墨子闻之，百舍重茧，往见公输般，谓之曰："吾自宋闻子。吾欲藉子杀王。"公输般曰："吾义固不杀王。"墨子曰："闻公为云梯，将以攻宋。宋何罪之有？义不杀王而攻国，是不杀少而杀众。敢问攻宋何义也？"公输般服焉，请见之王。

墨子见楚王曰："今有人于此，舍其文轩，邻有弊舆而欲窃之；舍其锦绣，邻有短褐而欲窃之；舍其梁肉，邻有糟糠而欲窃之。此为何若人也？"王曰："必为有窃疾矣。"

墨子曰："荆之地方五千里，宋方五百里，此犹文轩之与弊舆也。荆有云梦，犀兕麋鹿盈之，江、汉鱼鳖鼋鼍，为天下饶，宋所谓无雉兔鲋鱼者也，此犹梁肉之与糟糠也。荆有长松、文梓、楩、楠、豫樟，宋无长木，此犹锦绣之与短褐也。臣以王之攻宋，为与此同类也。"王曰："善哉！请无攻宋。"

【译文】

公输般（鲁班）为楚国制造攻城机械，将用以攻打宋国。

墨子听到这件事，步行万里，脚底磨起了厚茧，赶着去见公输般，对他说道："我在宋国就听说了先生的大名。我想借助您的力量去杀人。"公输般说："我是讲道义的，决不杀人。"墨子说："听说您在造云梯，用来攻打宋国，宋国有什么罪？您口口声声说讲道义，不杀人，如今攻打宋国，这分明是不杀少数人而杀多数人呀！请问您攻打宋国是什么道义呢？"公输般被说服了，墨子请他为自己引见楚王。

墨子见到楚王，说道："假如这儿有一个人，放着自己华美的彩车不坐，却想去偷邻居家的一辆破车；放着自己锦绣织成的衣服不穿，却想去偷邻居的粗布短衫；放着自己家里的好饭好菜不吃，却去偷邻居的酒糟和糠皮。这是个什么样的人呢？"楚王说："一定是有偷东西的癖好。"

墨子接着说："楚国土地纵横五千里，而宋国才不过五百里，这就如同用华美的彩车和破车相比。楚国有云梦泽，犀牛和麋鹿充斥其中，长江和汉水的鱼鳖、大鼋和鳄鱼，为天下最多，而宋国却是连野鸡、兔子、鲫鱼都不产的地方，这就如同用精美的饭菜和糟糠相比。楚国有高大的松树，带花纹的梓树，以及梗树、楠树、豫樟树等名贵树种，而在宋国大树找不到一棵，这就如同用锦绣和粗布短衫相比。因此我认为大王去攻打宋国，与有盗窃癖差不多。"楚王说："说得好！我不去攻打宋国了。"

二、智伯欲伐卫

【原文】

　　智伯欲伐卫，遗卫君野马四百，白璧一。卫君大悦。群臣皆贺，南文子有忧色。卫君曰："大国大欢，而子有忧色何？"文子曰："无功之赏，无力之礼，不可不察也。野马四，白璧一，此小国之礼也，而大国致之。君其图之。"卫君以其言告边境。智伯果起兵而袭卫，至境而反曰："卫有贤人，先知吾谋也。"

　　智伯欲袭卫，乃佯亡其太子，使奔卫。南文子曰："太子颜为君子也，甚爱而有宠，非有大罪而亡，必有故。"使人迎之于境，曰："车过五乘，慎勿纳也。"智伯闻之，乃止。

【译文】

　　智伯想攻打卫国，就送给卫君四匹名为野马的良马和一璧白玉。卫君十分高兴，群臣都来庆贺，南文子却面带愁容。卫君说："全国上下一片喜庆，而你却愁眉苦脸，这是为什么呢？"文子说："没有功劳就受到赏赐，没费力气就得到礼物，不可以不慎重对待。四匹野马和一璧白玉，这是小国应该送给大国的礼物，而如今大国却将这种礼物送给我们，您还是慎重考虑

为好。"卫君把南文子的这番话告诉边防人员，让他们加以戒备。果然不出南文子所料，智伯出兵偷袭卫国，到了边境又返回去了。智伯失望地说："卫国有能人，预先知道了我的计谋。"

智伯想袭击卫国，处心积虑地假装逐出他的太子，让他逃奔卫国。南文子说："太子颜是个好人，智伯又很宠爱他，他没有犯什么大罪却逃亡出来，这其中必有蹊跷。"南文子让人到边境迎接人，并告诫道："如果太子的兵车超过五辆，就要慎重，千万不要让他入境。"智伯听说后，无可奈何，只好打消了偷袭卫国的念头。

183

第十卷

中山箓

一、魏文侯欲残中山

【原文】

魏文侯欲残中山，常庄谈谓赵襄子曰："魏并中山，必无赵矣！公何不请公子倾以为正妻，因封之中山？是中山复立也。"

【译文】

魏文侯想攻打中山，赵臣常庄谈对赵襄子说："魏国吞并中山，赵国必将灭亡！您何不请求娶魏文侯的女儿公子倾为正妻，并把她封在中山？这样中山也就重新存在了。"

186